Synostwo
Podróż do serca Ojca

M. James Jordan

Fatherheart Media
www.fatherheart.net

© 2016

Synostwo - M. James Jordan
Originally published in English under the title Sonship

PO Box 1039, Taupo, New Zealand 3330
www.fatherheart.net

Przekład: Bożena Olechnowicz
Korekta: Magdalena Kwiecień
Okładka: Tom Carroll
Skład tekstu: Marek Szabała, www.arcone.pl

ISBN: 978-0-9941198-8-9

All rights reserved. Polskie wydanie: Therismos Sp. z.o.o ul. Sztabowa 32, 50-984 Wrocław, www.therismos.pl przy współpracy z Vintage Ministries, 6 Lasswade Road, Edinburgh, Scotland.

Wszelkie prawa zastrzeżone. Żadna część tej publikacji nie może być powielana, przechowywana w systemach archiwizacji danych lub przekazywana w jakiejkolwiek formie, na przykład elektronicznie, poprzez kopiowanie bądź nagrywanie bez uprzedniej pisemnej zgody wydawcy. Jedyny wyjątek stanowią krótkie fragmenty wykorzystywane w recenzjach książki.

O ile nie zaznaczono inaczej, cytaty z Pisma Świętego zaczerpnięto z Biblii Warszawskiej wydanej przez Brytyjskie i Zagraniczne Towarzystwo Biblijne, Warszawa 1998.

W celu nabycia innych książek, e-booków, płyt CD, DVD lub MP3 zapraszamy do odwiedzenia strony www.fatherheart.net/store. Na stronie realizujemy zamówienia zagraniczne. Opcja wysyłki zagranicznej dostępna.

Do Jack i Dorothy Winter

SPIS TREŚCI

	Podziękowania	7
	Wstęp	9
1.	Objawienie Ojca	11
2.	Dlaczego serce jest ważne	37
3.	Przebaczenie z głębi serca	47
4.	Synowskie serce	79
5.	Bóg jest naszym prawdziwym Ojcem	99
6.	Duch sierocy	119
7.	Tajemnica synostwa	143
8.	Chwalebna wolność synów	165
	ŹRódła	187
	O autorze	188
	Fatherheart Media	189

PODZIĘKOWANIA

Nie jestem w stanie wyrazić uznania Jackowi Winterowi za jego wielki wpływ na moje życie. Gdy byłem młodym chrześcijaninem w szkole biblijnej, Bóg przemówił do mnie wyraźnie, że chce, bym stał się „Jozuem" u boku Jacka Wintera. Przez następne dwadzieścia pięć lat Denise i ja byliśmy najpierw jego uczniami, a potem staliśmy się jego duchowymi dziećmi. Tak jak Jozue przyjął to wszystko, co Bóg zlecił Mojżeszowi, tak ja starałem się przejąć wszystko, czego Bóg udzielił Jackowi. Przed śmiercią Jack włożył na mnie ręce i modlił się o przekazanie mi swojego namaszczenia. Teraz staram się kontynuować jego służbę, tak jak to robił Jozue po śmierci Mojżesza, by wkroczyć do ziemi obiecanej przez rzekę w miejscu, gdzie odszedł Jack.

Z wielką wdzięcznością chciałbym wymienić Johna i Sandy Randersonów, Jana i Sandrę Rijnbeeków, moją żonę, Denise i moje dzieci, Jacka Wintera (jeszcze raz) oraz kilka innych osób, które cały czas we mnie wierzyły, podtrzymywały mnie na duchu i wspierały, gdy nie potrafiłem stać o własnych siłach.

Chcę podziękować Stephenowi Hillowi za godziny pracy, bez których nie powstałaby ta książka. Dziękuję też Wilsonowi i Erice Szem za zachętę i determinację w doprowadzeniu do druku książki.

Chcę podziękować pracownikom organizacji Fatherheart Ministries International za wspólnotę i zachętę w czasie, gdy razem odkrywaliśmy miłość Ojca.

I w końcu – brak mi słów i chyba nie ma odpowiednich wyrazów wdzięczności – dziękuję naszemu Bogu i Ojcu za jego zadziwiający plan i wypełnienie go w moim życiu. On był przy mnie, zanim zostałem chrześcijaninem, a od kiedy nim zostałem, cały czas okazywał mi wierność – bez względu na moje sukcesy lub porażki. On po prostu mnie kocha.

WSTĘP

W 1977 roku Jack Winter dostrzegł coś szczególnego wśród niezliczonych odblasków i przejawów chrześcijaństwa w tamtym okresie. Był to oślepiający blask czystego światła. Jack zajrzał do serca samego Boga Ojca. Skutki tego przeżycia do dzisiaj odbijają się echem w całym chrześcijaństwie.

Jack i Dorothy Winter do tamtej chwili żyli życiem pełnym przygód. Pełni Ducha Świętego i wiary podróżowali w nieznane, porzucając świat i jego troski, żyjąc w niezwykłym oddaniu Duchowi Bożemu i Słowu. W krótkim czasie przyłączyły się do nich setki ludzi z całego świata i wspólnie stworzyli Daystar Ministries. To właśnie w tej sieci społeczności Jack przeżył objawienie serca Ojca.

Następne dwadzieścia pięć lat swojego życia Jack poświęcił niezwykłe zasoby swojego wielkiego doświadczenia w służbie i bogatego życia wewnętrznego wyłącznie na usługiwanie miłością Bożą. Zrozumiał, że ta miłość to konkretne dobro, które można przekazać drugiemu człowiekowi, a które może uleczyć jego zranione serce. Podróżując po całym świecie, przeleciał ponad milion mil i spędzał dni od świtu do zmierzchu trzymając w ramionach wiele tysięcy ludzi i oglądając wspaniałe Boże uzdrowienia. Ja byłem jednym z tych ludzi. Jack ujrzał rzeczywistość Bożej ojcowskiej miłości – kulminację nowotestamentowego objawienia.

Niniejsza książka opowiada historię mojej osobistej podróży w kierunku tego światła. Jack był moim duchowym ojcem i przed swoją śmiercią w sierpniu 2002 roku włożył na mnie ręce, przekazując mi swoje obowiązki. Jednak nawet niesamowite objawienie miłości Ojca, jakie otrzymał, było jedynie częściowe. Zawsze jest coś więcej. Przedstawiam poszukiwanie mojej drogi do Ojca. Jego miłość, wlewana do mojego serca sprawiła, że jestem teraz nie tylko chrześcijaninem, ale prowadzę życie Bożego syna. A okazało się, że to zaledwie pierwszy krok. Cieszę się, że zawsze jest więcej.

- *James Jordan, Taupo 2012*

ROZDZIAŁ 1

Objawienie Ojca

~

Przez ponad piętnaście lat okrążyłem świat ponad trzydzieści razy, przemawiając na niezliczonych konferencjach i w wielu kościołach, dzieląc się objawieniem Ojca. Często mam wrażenie, że Pan posyła mnie, żebym po prostu opowiadał ludziom, co wydarzyło się w moim życiu. Ktoś kiedyś powiedział do mnie: James, wygląda na to, że uważasz, iż miłość Ojca to rozwiązanie wszystkich problemów ludzkości. Czy ja tak myślę? Wierzę w to z całego serca.

Im bardziej zagłębiam się w objawienie miłości Ojca, tym bardziej uświadamiam sobie, że potrzebujemy całkowitej odnowy chrześcijaństwa. Dotychczasowe chrześcijaństwo za bardzo skupiało się na tym, co powinniśmy robić, a nie na tym, kim jest Bóg i co On uczynił! Wielu z nas niesie bagaż fałszywego przedstawienia ewangelii. Powiedziano nam, co powinniśmy zrobić z własnej inicjatywy, zamiast mówić o tym, co Bóg uczynił ze swojej inicjatywy. Powiedziano nam, że otrzymaliśmy błogosławieństwo po to, żebyśmy stali się błogosławieństwem dla innych. A prawda jest taka, że otrzymaliśmy błogosławieństwo, ponieważ Bóg nas kocha i po prostu chce nas błogosławić. Przedstawiono nam ewangelię, która nakazuje nam pracować dla Boga – ale ja chcę wam powiedzieć, że takie stawianie sprawy w końcu spowoduje, że poczujecie się wypaleni i załamani. Coraz więcej chrześcijan rezygnuje z tak rozumianego chrześcijaństwa i porzuca kierat ustawicznych prób zadowalania Boga i pracy dla Niego.

Chrześcijaństwo tak naprawdę sprowadza się do prostej prawdy: Bóg cię kocha i chce, abyś żył ustawicznie doświadczając Jego miłości. Oto sedno chrześcijaństwa. Uświadomienie sobie tej prawdy przynosi nam odpoczynek, zadowolenie i wewnętrzny pokój, które są tak zaraźliwe, że to jacy jesteśmy zaczyna wywierać wpływ na ludzi wokół nas. Żyjemy obecnie w okresie odnowy, reformacji i odrodzenia chrześcijaństwa, który jest, jak wierzę, równie ważny jak Reformacja.

Poznanie Jezusa nie jest jednoznaczne z poznaniem Ojca

Moje wieloletnie doświadczenie chrześcijaństwa wskazywało na to, że wszystko koncentruje się na Jezusie. Ojca wspomina się tylko mimochodem. Tak naprawdę Ojciec znajduje się jedynie w tle w porównaniu z osobą Jezusa. Sądzę, że dzieje się tak, ponieważ tak bardzo skupiamy się na osobie Jezusa. Wydaje nam się, że jeśli znamy Jezusa i doświadczamy Jezusa, to automatycznie znamy Ojca. Ludzie wyciągają błędne wnioski z takich wersetów jak Ewangelia Jana 14,7, gdy Jezus powiedział: „Gdybyście byli mnie poznali i Ojca mego byście znali; odtąd go znacie i widzieliście go". Musimy jednak pamiętać, że Jezus to nie Ojciec, a Ojciec to nie Jezus. Jezus nie powiedział: Ja jestem Ojcem. Nie powiedział, że poznanie Go będzie równoznaczne z poznaniem Ojca. Powiedział, że to Ojciec w Nim czyni swoje dzieła. Wypowiadał słowa, które przekazywał Mu Ojciec. Stwierdził: Robię tylko to, co widzę, że mój Ojciec czyni, ale nigdy nie powiedział: Ja jestem Ojcem.

Wszystko, czego nauczamy, opiera się na Słowie. Jeśli otrzymujemy objawienie, które nie wynika ze Słowa, to nie jest to objawienie od Boga. Musimy jednak stwierdzić, że chodzenie według Słowa, niekoniecznie oznacza chodzenie z Bogiem. Jeśli chodzisz z Bogiem, to automatycznie będziesz chodził według Słowa. Chodzimy w Duchu, a nie w Słowie, ale Duch nigdy nie zaprowadzi nas do rzeczy, których nie potwierdza Słowo. Uczniowie nigdy nie przeczytali Nowego Testamentu. Oni go napisali! Z jakich źródeł czerpali? Chodzili w Duchu i Duch poddawał im słowa.

Pewnego razu przeczytałem tekst Andrew Murraya, który wywarł na mnie wielki wpływ i zachęcił mnie do napisania niniejszej książki. Murray napisał: „Tym, czym dla Jezusa była miłość Ojca, tym będzie Jego miłość dla nas". Zauważcie, że wielkim mankamentem naszego chrześcijańskiego doświadczenia jest to, że nawet ufając Chrystusowi, pomijamy Ojca. Ale przecież Chrystus przyszedł, by przyprowadzić nas do Ojca. W tym właśnie celu przyszedł – aby doprowadzić nas do Boga Ojca.

Andrew Murray kontynuuje: „Jego życie i poleganie na Ojcu było życiem w miłości Ojca". Bardzo podoba mi się to stwierdzenie! Jezus mógł polegać na Ojcu, ponieważ wiedział, że Jego Ojciec kocha Go i był w stanie polegać na tej miłości. We wszystkim, co działo się w Jego życiu całkowicie polegał na Ojcu. Potem Murray zapisuje to zdanie, które podoba mi się najbardziej: „Tym, czym dla Jezusa była miłość Ojca, tym będzie Jego miłość dla nas". Jakie miejsce zajmowała w życiu Jezusa miłość Ojca? Jak ważna była miłość Ojca dla Jezusa? Nie ulega żadnej wątpliwości, że była dla Niego wszystkim! Z rozkoszą wykonywał wolę Ojca. Żył w doświadczeniu i świadomości miłości Ojca. Przebywał na łonie Ojca, żyjąc wiecznie w sercu Ojca. To było Jego miejsce.

Wierzę, że dzisiaj to objawienie zaczyna ogarniać cały świat. Staje się narastającą falą na oceanie, która zaleje brzegi jak tsunami i przyniesie odnowienie pozycji Ojca w życiu chrześcijan.

Komentując werset J 14,6 (gdzie Jezus powiedział: „Ja jestem droga i prawda, i żywot, nikt nie przychodzi do Ojca, tylko przeze mnie") Derek Prince przedstawił następujące stwierdzenie: „Werset ten mówi o trasie i celu podróży. Jezus jest drogą, Ojciec jest celem". A potem zauważa: „Problem większości kościołów polega na tym, że utknęli w drodze!" Zatrzymaliśmy się na Drodze! Przyszliśmy do Jezusa, ale nie osiągnęliśmy bliskiej więzi z Ojcem. A dzieje się tak dlatego, że wielu z nas brakowało bliskiej więzi z naszymi ziemskimi ojcami. Czytamy takie wersety, ale ich nie rozumiemy. Interpretujemy naszą teologię jako związaną głównie z Jezusem. Ja jednak uważam, że Jezus powiedziałby nam: Nie chodzi przede wszystkim o Mnie. Chodzi przede wszystkim o mojego Ojca.

Żyjemy w czasach, gdy podstawy naszego chrześcijaństwa przestają być, że tak powiem, stołkiem o dwu nogach, a stają się stołkiem o trzech nogach. Otrzymaliśmy objawienie Jezusa i objawienie Ducha Świętego. Na tych dwu rzeczywistościach oparliśmy nasze chrześcijaństwo, bo objawienie jest rzeczywistością w naszym sercu. Teraz jednak Bóg przynosi nam objawienie samego siebie jako Ojca, a ponieważ Bóg jest miłością, jest to doświadczenie miłości. Jest to osobista i intymna inwazja miłości

Ojca na nasze serca. Do niektórych przychodzi jak potężna fala, u innych przypomina sączenie kropla po kropli. Nie ma znaczenia, jak przychodzi, oby tylko przyszła. Prawdę mówiąc, objawienie pojawia się w naszym życiu często stopniowo jak świt nowego dnia.

Budując podstawy prawdy, kim ma być Ojciec w życiu chrześcijanina, chcę zacytować Św. Augustyna z Hippony, który powiedział: „Cała Biblia nie zajmuje się niczym innym jak tylko opowiadaniem o miłości Bożej. To przesłanie podtrzymuje i wyjaśnia każde inne przesłanie". Każdy chrześcijański temat, jaki przyjdzie ci na myśl, jest wyrazem miłości Ojca. W rzeczy samej, wszystko w chrześcijaństwie dotyczy miłości Ojca. Chrześcijaństwo bez zrozumienia i doświadczenia miłości Ojca to chrześcijaństwo, któremu brakuje podstaw.

Nasze pojęcie, co to znaczy być chrześcijaninem, będzie fałszywe, jeśli naszym fundamentem nie będzie miłość Ojca. Nawet Krzyż jest wyrazem miłości Ojca. Miłość Ojca nie jest wyrazem Krzyża. Gdyż Bóg tak ukochał świat, że dał swojego jedynego Syna, a Jego śmierć na krzyżu była, w tym sensie, najwspanialszym przesłaniem o wielkiej miłości Boga. Pokazuje nam, jak naprawdę wygląda Boża miłość. Najważniejsza rzecz w chrześcijaństwie to miłość Ojca. Krzyż usuwa wszystko, co staje między nami a tą miłością, abyśmy mogli z odwagą przyjść do tronu łaski i usiąść Mu na kolanach, poznać Go jako naszego Ojca. Nasze chrześcijaństwo będzie bardzo wypaczone, jeśli nie zrozumiemy, że miłość Ojca to Objawienie, które wspiera i wyjaśnia każde inne przesłanie.

Augustyn pisze dalej: „Jeśli spisane słowa Biblii można by zmienić w jedno słowo, w jeden pojedynczy głos – to ten głos, potężniejszy niż ryk oceanu, zawołałby: „Ojciec cię kocha!".

Okazuje się, że nawet nie uświadamiamy sobie, czego jeszcze nie wiemy! Nie wiemy, że nie znamy Ojca. Znamy doktrynę i nawet potrafimy nauczać ludzi na temat poznania Boga jako Ojca bez osobistego poznania Go jako Ojca. Objawienie tak bardzo zmienia naszą perspektywę, że nawet się nad tym nie zastanawiając, zaczynamy zwracać się do Boga „Ojcze"! Możemy znać wszystkie fragmenty Pisma na temat Ojca i może nam się wydawać, że oznacza to poznanie samego Ojca! Nie uświadamiamy sobie, czego jeszcze nie wiemy!

Jednym z głównych problemów współczesnego chrześcijaństwa jest przekonanie, że jeśli wiemy, co na dany temat mówi Biblia, to automatycznie posiadamy to, o czym mówi. To na pewno błędne mniemanie. Gdy nauczam na ten temat, często spotykam się z takim niewłaściwym zrozumieniem. Może ono być szczególnie kłopotliwe dla ludzi podobnych do mnie, o zacięciu akademickim. Przez wiele lat sądziłem, że znajomość Pisma Świętego jest równoznaczna z prowadzeniem życia zgodnego z tym, czego naucza Pismo Święte. Doprowadziło mnie to do całkowicie fałszywego przekonania odnośnie mojego miejsca w Bogu, które zostało ostatecznie zniszczone przez osobisty upadek. Gdy to nastąpiło, nagle zrozumiałem, że cała moja wiedza nie zmieniła mnie ani odrobinę! Wołałem do Boga o coś, co mnie zmieni.

Żyjemy w czasach, gdy Bóg objawia się jako Ojciec w bezprecedensowy od dni apostołów sposób. Bez względu na to, co wiedziałeś i czego doświadczałeś w przeszłości, nadal dostępny jest dla ciebie nieznany ci wcześniej poziom miłości Ojca. Możemy na Niego otworzyć serca, a On może przemienić nasze całe doświadczenie chrześcijaństwa i przeobrazić je w coś o wiele wspanialszego. Chrześcijaństwo tak naprawdę zaczyna się wtedy, gdy doświadczamy tego, za co Jezus poniósł śmierć na krzyżu – miłości Ojca!

Zacznijmy opowieść od tego, jak ja otrzymałem to objawienie. Denise i ja nawróciliśmy się do Pana w 1972 roku. Wywodziliśmy się ze środowiska, które nie miało nawet odległych związków z chrześcijaństwem. Wcześniej nie mieliśmy z nim żadnej styczności. Dorastałem co prawda w domu, który sąsiadował z małym kościółkiem na wzgórzu. Widziałem, że ludzie tam chodzą. Niektórzy z nich byli moimi kolegami ze szkoły, ale nie potrafiłem pojąć, dlaczego chcą spędzać piękne niedzielne poranki w kościele. Zupełnie tego nie rozumiałem. Nigdy nawet nie słyszałem o czymś takim jak „nowe narodzenie".

W wieku prawie dwudziestu dwu lat oddałem życie Panu. Nawrócenie wniosło ogromną zmianę do mojego życia, ponieważ od dzieciństwa byłem wyjątkowo samotną osobą. Mieszkaliśmy w małym miasteczku i zwykle nie miałem żadnych towarzyszy zabaw. Najbliżsi chłopcy w moim wieku mieszkali przynajmniej pięć kilometrów ode mnie, tak więc po szkole i w większość weekendów wałęsałem się samotnie po polach i farmach w pobliżu domu. Często po lekcjach włóczyłem się po pobliskich wzgórzach aż do zmierzchu, a potem wracałem do domu przez pola, polnymi ścieżkami, wspinając się na płoty i przełażąc przez furtki. Doskonale znałem okolicę, ale byłem bardzo osamotniony.

Tak więc gdy do mojego życia, w moją skrajną samotność, wkroczył Jezus, wywarło to na mnie wielki wpływ. Nagle do mojego serca weszła Osoba, która mnie kocha. Z tego powodu także i ja zakochałem się w Jezusie. Moje nawrócenie przypominało wspaniałe doświadczenie w technikolorze. Niebo stało się bardziej niebieskie, a trawa bardziej zielona.

Narodzony w czasie przebudzenia

Po moim nawróceniu Denise i ja zaczęliśmy chodzić do kościoła, w którym trwało przebudzenie. Wielu Amerykanów używa terminu „przebudzenie" na określenie tego, co my nazwalibyśmy „ewangelizacją" – serią spotkań ewangelizacyjnych. Jednak przebudzenie, jakiego wtedy doświadczyłem, objawiało się tak potężnymi przejawami Bożej obecności i mocy, że ludzie przeżywali ją w namacalny sposób. Gdy przychodzi przebudzenie, zawsze wywiera znaczący wpływ na nasze doświadczanie chrześcijaństwa. Prawdziwe przebudzenie następuje wtedy, gdy Boża obecność przejawia się z ogromną mocą. Jest to przemożne uwolnienie Jego obecności w określonym miejscu.

W czasie przebudzenia w kościele działy się zadziwiające rzeczy. Pewna młoda dziewczyna chciała nauczyć się grać na pianinie w czasie uwielbienia, choć nigdy w życiu nie pobrała nawet jednej lekcji gry na instrumencie. Pewnego dnia usiadła przy pianinie, jeden z diakonów pomodlił się za nią i w jednej chwili była w stanie grać we wszystkich tonacjach. Nie umiała grać poza uwielbieniem i dlatego szesnaście lat później zaczęła uczęszczać na lekcje muzyki, żeby dowiedzieć się, co tak naprawdę robiła przez te wszystkie lata.

Czasem ludzie widzieli Jezusa przechadzającego się po kościele i nakładającego ręce na ludzi. Kładł na nich ręce i szedł dalej. Wielu ludzi doświadczało zbiorowych wizji i w czasie nabożeństw widziało w jednej chwili dokładnie takie same rzeczy. Jeden ze starszych witał odwiedzających, zapraszał Ducha Świętego, a potem pozwalał, żeby nabożeństwo toczyło się swoim rytmem. Przez pięć lat nie potrzebowaliśmy pastora ani lidera w czasie nabożeństw, ponieważ obecność Ducha Świętego była tak ewidentna. Był to niezwykły czas. Zrodził we mnie pragnienie ustawicznego doświadczania przebudzenia. Od tamtej pory nosiłem w sobie oczekiwanie i nadzieję, że jeszcze kiedyś przeżyję coś podobnego. Jednak my sami nie możemy czegoś takiego wyprodukować. Zależy to wyłącznie od Niego.

Patrząc wstecz na tamten okres, uświadamiam sobie jeszcze coś innego. Gdy Duch Boży przejawiał się w tak potężny sposób, doszliśmy do błędnego wniosku, że Pan honoruje nasz kościół w taki sposób, ponieważ nasze nauczanie jest doskonałe. Wielu ludzi w historii i dzisiaj na całym świecie wyciąga taki błędny wniosek. Sądzimy, że jeśli nasza interpretacja i zastosowanie Pisma Świętego będą właściwe, wówczas Bóg przyjdzie i zaszczyci nas przejawami swojej obecności. Ale to nieprawda! W zasadzie takie właśnie przekonanie leży u podstaw wielu tarć między chrześcijanami. Tak naprawdę Bóg nie przychodzi, ponieważ nasze nauczanie jest poprawne, ale Jego przyjście *koryguje* nauczanie. Słowo można tak naprawdę rozumieć tylko w Jego obecności. Biblia została napisana w czasie przebudzenia. Każdy piszący żył w okresie osobistego i powszechnego przebudzenia. Biblia opisuje przebudzenie i można ją rozumieć tylko w czasie przebudzenia.

Doświadczaliśmy więc niezwykłego poczucia Jego obecności. Niedziela za niedzielą, rok po roku ludzie przybywali do nas z całego świata. Dosyć szybko starsi kościoła postanowili zorganizować konferencję. Jedynym obiektem w miasteczku, wystarczająco dużym, żeby pomieścić cały tłum, był tor wyścigów konnych, gdzie znajdowała się ogromna trybuna główna. Wielu ludzi przybyło na konferencję, by słuchać najlepszych mówców na świecie w tamtych czasach. Było dla nas wielkim błogosławieństwem, że mogliśmy korzystać ze służby niektórych z tych zagranicznych kaznodziejów i namaszczenia, które towarzyszyło nabożeństwom. Jednak w oparciu o założenie, że Bóg wylewa błogosławieństwo z powodu właściwego nauczania, przyswajałem sobie absolutnie wszystko, co było głoszone i nauczane. Nigdy nie przyszło mi do głowy kwestionować tego, co uznawałem za absolutną prawdę.

Pamiętam szczególnie jednego mówcę na konferencji, którego poselstwo wywarło na mnie szczególny wpływ, a które przyjąłem w pełni bez żadnego kwestionowania. Głosił w oparciu o tekst opisujący, jak Jezus wziął ze sobą Piotra, Jakuba i Jana na górę przemienienia. Mówił o tym, że Jezus przemienił się przed nimi, jak zmienił się Jego wygląd, a chwała Pana przyoblekła Go, jak ujrzeli Go (przynajmniej do pewnego stopnia) objawionego takim, jakim był od wieczności. A potem ujrzeli razem z nim Mojżesza i Eliasza. Ojciec przemówił z chmury: „To mój Syn umiłowany, Jego słuchajcie", a trzej uczniowie padli bez czucia na ziemię. Po jakimś czasie spojrzeli w górę i nikogo już nie widzieli, tylko Jezusa samego. Mojżesz i Eliasz odeszli, a Jezus wrócił do swojej poprzedniej postaci.

Tylko Jezus

Główne przesłanie poselstwa mówcy streszczało się w tych dwu słowach „Tylko Jezus". Mówił: „Mamy patrzeć na Jezusa i tylko na Jezusa. On jest sprawcą i dokończycielem naszej wiary, alfą i omegą, początkiem i końcem. Jego imię jest jedynym pod niebem, przez które możemy być zbawieni. On jest głową swojego ciała, Kościoła. On jest Oblubieńcem. On jest wszystkim, a Jego imię jest najwyższe". Chodziło o Jezusa i tylko o Jezusa!

Gdy to głosił, wszystko we mnie wołało: Amen!, ponieważ Jezus mnie zbawił i doznałem takiego potężnego doświadczenia zbawienia. Jezus stał się dla mnie wszystkim. Za każdym razem, gdy się modliłem, zwracałem się do mojego Pana, Jezusa. Jezus był wszystkim. Uwielbienie dotyczyło Jezusa. Piosenki były o Jezusie.

Czasem wtrącano werset o Duchu Świętym albo Ojcu, ale wszystko koncentrowało się na osobie Jezusa, a ja myślałem, że na tym skupia się chrześcijaństwo.

Czy przyjąłeś miłość Ojca?

Kilka lat później znalazłem się w Nowej Zelandii w szkole biblijnej. Na jedną z konferencji w szkole przyjechał Jack Winter. Jack zaczął mówić o Ojcu i wtedy zacząłem przyjmować większe objawienie Ojca. Nigdy wcześniej nie spotkaliśmy nikogo o takim namaszczeniu Bożym jak Jack. Słuchaliśmy wielu dobrych usług, ale gdy mówił Jack Winter, to mieliśmy wrażenie, jakbyśmy słuchali Jezusa. Jego zwiastowanie przewyższało wszystko, czego wcześniej słuchałem.

Jack zwykł powtarzać wspaniałą rzecz: Wielu ludzi głosi ewangelię, ale my dajemy im okazję żyć ewangelią. Aby przyłączyć się do organizacji Jacka, trzeba było sprzedać wszystko, co się miało, rozdać ubogim albo położyć u stóp apostołów i przyłączyć się do społeczności wierzących, która wtedy nazywała się Daystar Ministries. Była to organizacja praktykująca życie wiarą w najczystszej postaci. Czasem dwieście osób w bazie nie miało żadnego pożywienia na następny posiłek, więc po prostu się modliliśmy. Modlić się i wstawiać za coś to jedno, ale gdy potrzebujesz jedzenia na stole za dwie godziny, to twoje modlitwy wchodzą na zupełnie inny poziom.

Objawienie Ojca, które zaczęło pojawiać się na konferencji w Nowej Zelandii, teraz w pełni rozkwitło i zrozumieliśmy, że jeśli ludzie doświadczą miłości Ojca, doznają też emocjonalnego uzdrowienia. Był to ekscytujący okres. Tamtego roku około czterystu rodzin ubiegało się o przyłączenie do służby Jacka. W Stanach Zjednoczonych działało dwanaście różnych baz, w których pracowało na pełny etat sześćset osób, a tymczasem Jackowi cały czas za biurko służył mały nocny stolik przy łóżku. Nie było w nim w ogóle pompatyczności.

Gdy przyłączyliśmy się do nich, wszyscy bardzo ekscytowali się objawieniem miłości Ojca i pytali mnie: Czy przyjąłeś miłość Ojca? Byłem tym bardzo urażony! Miałem dwadzieścia osiem lat i czułem, że do końca życia będziemy w służbie Jacka Wintera. Przyjechałem wprost z nowozelandzkiego buszu, który większość ludzi uznałaby za dżunglę. Na wysokości około tysiąca metrów na zboczach gór busz zmienia się w teren porośnięty trawą i przypomina ocean złocistych traw. Na tych wzgórzach można pędzić wspaniałe życie i ja właśnie prowadziłem takie życie na świeżym powietrzu. Byłem sprawnym i silnym młodym człowiekiem. Przywykłem do życia na wzgórzach, spania na dworze, rąbania drewna na ognisko i gotowania własnych posiłków. Takie życie mnie zahartowało. A tu ludzie pytają mnie, czy przyjąłem miłość Ojca.

Moją odpowiedzią na to pytanie była wewnętrzna irytacja: Jestem wypełniony Duchem Świętym. Założyłem już zbór. Byłem w szkole biblijnej. Potrafię prorokować, wyganiać demony, uzdrawiać chorych i głosić ewangelię na ulicach. Jestem pogromcą demonów i mężem Bożym! Bóg powołał mnie na proroka, bym był ostrym mieczem, który przenika do rozdzielenia duszy i ducha! Moje słowa rzucają ludzi na kolana! Moje zwiastowanie oddziela grzeszników od sprawiedliwych, mam wpływ na życie wielu osób! Zostałem powołany na proroka. Całe to gadanie o miłości nie jest w moim stylu. Co masz na myśli, pytając mnie, czy przyjąłem miłość Ojca?

Pierwsze światło

Po kilku miesiącach olśniła mnie niespodziewana myśl. Przypomniało mi się, że gdy miałem cztery lata, moja matka (która w tym czasie musiała doświadczyć jakiegoś dotknięcia Pana) przez krótki czas zbierała wieczorem mojego brata, siostrę i mnie w swojej sypialni i klękała przed niewielką skrzynią, na której ustawiała krzyż i świecę. Zapalała świecę i uczyła nas modlitwy Pańskiej. Później moje rodzeństwo tego nie pamiętało, ale ja pamiętałem bardzo dobrze, ponieważ od tej chwili zmawiałem modlitwę Pańską każdego wieczoru. Na koniec mówiłem zawsze: Boże, błogosław mamę i tatę, mojego brata Boba i moją siostrę Sylvię. Panie, spraw, żebym gdy dorosnę był zdrowy, miał szczęśliwą rodzinę i dobrą pracę. Tak modliłem się każdego wieczoru. Czasem zapominałem, ale wtedy następnego dnia modliłem się dwa razy! Nie opuszczałem żadnego dnia.

W czasie pierwszych miesięcy w Daystar Pan przypomniał mi, że kiedy Jezus uczył swoich uczniów modlić się, kazał im mówić „Ojcze nasz". Uświadomiłem sobie, że ja tak się modliłem od czwartego do czternastego albo piętnastego roku życia! Jezus uczył swoich uczniów rozmawiać z Ojcem. Zrozumiałem teraz, że Jezus od samego początku zwracał moją uwagę bezpośrednio na Ojca, a nie na siebie. Było to pierwsze, że tak powiem, pęknięcie w przesłaniu „Tylko Jezus", jakie do tej pory słyszałem. Zacząłem sobie uświadamiać, że chrześcijaństwo nie dotyczy tylko Jezusa.

Wiecie, gdy ludzie pytali mnie, czy przyjąłem miłość Ojca, miałem ochotę zapytać: Dlaczego mówicie o Ojcu? Przecież chodzi o Jezusa! Jego imię to jedyne imię pod niebem, przez które możemy być zbawieni. On jest Panem wszystkiego. On jest Królem królów. Tu chodzi o Niego. On nas zbawił, On umarł na krzyżu. Nie zdawałem sobie sprawy, że także Ojciec umarł na krzyżu w bardzo realny sposób. Powtarzałem cały czas: Przecież chodzi o Jezusa!

Miałem wrażenie, że jeśli nawiążę relację z Ojcem, to okażę brak lojalności wobec Jezusa. Myślałem: Po tym wszystkim, co Jezus dla mnie zrobił, jak mógłbym odwrócić się od Niego i nawiązać relację z Ojcem? Zmagałem się. Oczywiście rzeczywistość wyglądała inaczej, ale tak się czułem. Wspomnienie modlitwy „Ojcze nasz" było pierwszym wyłomem w moim systemie obrony. Jezus rzeczywiście kazał swoim uczniom rozmawiać z Ojcem. Powiedział:

„Ale ty, gdy się modlisz, wejdź do komory swojej, a zamknąwszy drzwi za sobą, módl się do Ojca swego, który jest w ukryciu, a Ojciec twój, który widzi w ukryciu, odpłaci tobie" (Mt 6,6).

Nagle pomyślałem: Aha, rzeczywiście w tym wszystkim jest miejsce dla Ojca. Uzasadnione jest bezpośrednie komunikowanie się z Ojcem. Zacząłem nadrabiać zaległości.

Uwielbienie Ojca

Kilka miesięcy później pojawił się następny wyłom. Przypomniało mi się jak przed laty, był w naszej szkole biblijnej wykładowca z Ameryki, który przyjechał tam razem z całą swoją rodziną. Spędził w szkole jedenaście lat, wykładając na temat Ewangelii Jana. Miałem wrażenie, że czasem po nauczaniu nie wychodził z klasy, ale z niej wylatywał. Szacunek i uwielbienie, z jakim nauczał, były dla nas wielkim błogosławieństwem. Przez cały rok prowadził nas przez Ewangelię Jana werset po wersecie. Pod koniec roku przepraszał, że udało nam się dojść zaledwie do szesnastego rozdziału! Był to niesamowity rok zagłębiania się w Księgę Jana.

Gdy doszliśmy do rozdziału czwartego, powiedział: Ten rozdział potraktujemy inaczej. Nie będę wykładał, tylko każdy z was dostanie jeden, dwa wersety do przestudiowania, a potem przedstawicie grupie, czego się dowiedzieliście. Gdy to powiedział, natychmiast pomyślałem o konkretnym wersecie, który chciałbym dostać. Wydawało mi się, że jeśli dostanę ten werset, to nie będę musiał wykonywać zadania domowego, bo mam już objawienie tego wersetu. Miałem dużo pracy, więc gdybym trafił na ten konkretny tekst, nie musiałbym odrabiać zadania domowego. Znalazłbym trochę wolnego czasu dla siebie.

Wykładowca przydzielił wersety wszystkim w grupie, a mi zlecił pracę nad wierszem, którego tak pragnąłem. Był to tekst z J 4,23. Werset ten odczytywałem w następujący sposób: Lecz nadchodzi godzina i teraz jest, kiedy prawdziwi czciciele będą oddawali Bogu cześć w duchu i w prawdzie; bo i Bóg takich szuka, którzy by mu tak cześć oddawali. To nie jest dokładny cytat, ale ja myślałem, że tak brzmi. Cieszyłem się, że dostałem werset, którego tak pragnąłem. Nie muszę go analizować. W końcu nadszedł czas prezentacji moich przemyśleń przed grupą. Byłem pewny, że dobrze przedstawiłem swoje rozumienie tego wersetu. Potwierdzili to niektórzy studenci, którzy przychodzili do mnie i mi gratulowali.

Moje objawienie dotyczyło „oddawania czci w duchu i w prawdzie", ponieważ wiedziałem, czym jest uwielbienie. Uwielbienie ma miejsce wtedy, gdy twój duch próbuje wydostać się przez usta, wyrażając miłość i adorację. Nie dzieje się to na poziomie umysłu, tylko stanowi nawiązanie łączności w duchu. Odkryłem, że uwielbienia nie można się nauczyć. Uwielbienie to naturalna reakcja na Jego obecność. To jest właśnie oddawanie czci w duchu i w prawdzie! I tym właśnie objawieniem dotyczącym zadanego słowa się podzieliłem.

Osiem lat później odkryłem, co ten werset naprawdę znaczy. Jezus tak naprawdę powiedział:

„Lecz nadchodzi godzina i teraz jest, kiedy prawdziwi czciciele będą oddawali Ojcu cześć w duchu i w prawdzie; bo i Ojciec takich szuka, którzy by mu tak cześć oddawali".

Do tej pory w uwielbieniu skupiałem się całkowicie na osobie Jezusa i tylko Jezusa. W tych czasach, a nawet dzisiaj, wszystkie piosenki koncentrowały się na Jezusie. Nosimy bransoletki z napisem WWJD (What Would Jesus Do? – Co zrobiłby Jezus?). Śpiewamy: Wszystko dla Ciebie, Jezu. Wydaje mi się, że Jezus nie zgodziłby się z takim przedstawieniem sprawy. Myślę, że powiedziałby: Tak naprawdę to chodzi o mojego Ojca.

Oczywiście nie ma niczego złego w uwielbianiu Jezusa. Niektóre z najwspanialszych wersetów dotyczących uwielbienia w Piśmie Świętym mówią o Jezusie, szczególnie w Księdze Objawienia, gdzie wszyscy starcy zdejmują korony i oddają cześć Barankowi Bożemu. Ale chciałbym tu podkreślić, że sam Jezus powiedział: „Prawdziwi czciciele będą oddawali Ojcu cześć w duchu i w prawdzie". W chwili gdy to czytałem, nie potrafiłem sobie wyobrazić, że mówię: „Uwielbiam Cię, Ojcze" albo „Kocham Cię, Ojcze". Zaszokowało mnie, że słowa te są mi tak dalekie, a przecież wiedziałem, że sam Jezus je wypowiedział. Zacząłem sobie uświadamiać, że tak naprawdę w naszym życiu jest miejsce dla Ojca! Moje stanowisko „Jezus i tylko Jezus" zaczęło się zmieniać.

Gdy objawienie to zaczyna dzisiaj docierać do Kościoła, gdy znów zaczynamy dostrzegać Ojca, niektórzy ludzie zmagają się tak samo jak ja i krytykują nas: Wy to tylko zwracacie się do Ojca, a pomijacie Jezusa. Pozwólcie, że powiem wyraźnie: w żadnej mierze nie pomijamy Jezusa. Jedyną drogą do Ojca jest Jezus. Tylko w Nim mamy więź z Ojcem.

Jesteśmy w Chrystusie

Niektórzy powiadają, że herezja jest najpierw wyśpiewywana, zanim będzie głoszona. Naprawdę bardzo bym chciał, by ludzie piszący chrześcijańskie refreny konsultowali się z ludźmi, którzy posiadają biblijne zrozumienie. Często treść pieśni nie pokrywa się w ogóle z nauczaniem Biblii, a przecież czasem częściej śpiewamy refreny, niż czytamy Pismo. Jest na przykład taki stary hymn, którego słowa brzmią: „...chodzić z Jezusem w świetle świata". Wiele pieśni mówi o chodzeniu z Jezusem, a przecież nie jest to tak naprawdę biblijne stwierdzenie.

Nie chodzimy z Jezusem. Jesteśmy w Chrystusie, a On jest w nas. Nasze życie zostało wchłonięte przez Jego życie. Zostaliśmy w Niego ochrzczeni, a teraz „z Chrystusem jestem ukrzyżowany; żyję więc już nie ja, ale żyje we mnie Chrystus; a obecne życie moje w ciele jest życiem w wierze w Syna Bożego, który mnie umiłował i wydał samego siebie za mnie" (Ga 2,20). On stał się moim życiem. On żyje we mnie, a ja jestem w Nim. Zostałem w Niego ochrzczony. Nie idziemy ramię w ramię, ale On jest we mnie, a ja w Nim. W rzeczywistości chodzimy z Ojcem w Chrystusie. Tak naprawdę sam nie nawiązuję relacji z Ojcem. Włączam się w relację, jaką Jezus ma ze swoim Ojcem.

Jezus jest drogą do Ojca

W całym tym procesie zacząłem dostrzegać, że biblijną rzeczą jest posiadanie osobistej więzi z Ojcem dzięki temu, kim jest Jezus i kim ja jestem w Nim.

A potem zwróciłem uwagę na czternasty rozdział Ewangelii Jana. Warto się nad nim zastanowić, ponieważ często błędnie się go rozumie. Bardzo lubię wersety opisujące ostatnie kilka dni przed ukrzyżowaniem Jezusa. Jack Winter zauważył, że ostatnie słowa wypowiadane przez człowieka przed śmiercią zasługują na szczególną uwagę.

Jezus na początku powiedział:

„Niechaj się nie trwoży serce wasze; wierzcie w Boga i we mnie wierzcie! W domu Ojca mego wiele jest mieszkań; gdyby było inaczej, byłbym wam powiedział. Idę przygotować wam miejsce. A jeśli pójdę i przygotuję wam miejsce, przyjdę znowu i wezmę was do siebie, abyście, gdzie Ja jestem, i wy byli" (J 14,1-3).

Jezus obwieszczał uczniom, że odchodzi, ale oni nadal mieli nadzieję na dosłowne odbudowanie królestwa. Bardzo musiało ich zaskoczyć, że Jezus mówi: Odchodzę, a was zostawiam tutaj. Wyobrażam sobie, że patrzą po sobie i mówią: Coś takiego! Poszedłem za Nim, bo sądziłem, że wypędzi Rzymian. Poświęciliśmy życie, zostawiliśmy rybackie sieci. Mieliśmy zbudować królestwo jak za Machabeuszy, mieliśmy zostać żołnierzami nowej armii, która zerwie pęta i wyzwoli Izrael. O czym On teraz mówi?

Ale Jezus stwierdził: Idę przygotować wam miejsce, ale teraz jeszcze nie możecie pójść ze mną. A potem ciągnął:

„I dokąd Ja idę, wiecie, i drogę znacie" (J 14,4).

Pamiętam chwile, gdy byłem w szkole razem z trzydziestoma innymi uczniami. Czasem nauczyciel wypowiadał zdanie, którego nikt z nas nie rozumiał, ale nikt się nie odzywał, bo nikt nie chciał zadać pytania, które zdradzi, że nie wie, o co chodzi. Wyobrażam sobie, że uczniowie podobnie zareagowali, gdy Jezus stwierdził: I dokąd Ja idę, wiecie, i drogę znacie. Wyobrażam sobie, że popatrzyli po sobie i zastanawiali się: Ty wiesz? Powiedział ci? Mi nie powiedział. Nie było mnie przy tym? O czym On mówi?

Sądzę, że każdy z nich wstydził się przyznać, że nie wie. Wtedy Tomasz wypowiedział to piękne i niewinne zdanie: „Panie, nie wiemy, dokąd idziesz, jakże możemy znać drogę?" Cieszę się, że Tomasz to powiedział, bo gdyby nie on, nie mielibyśmy następnego zdania, które jest jednym z najważniejszych wersetów Nowego Testamentu:

„Odpowiedział mu Jezus: Ja jestem droga i prawda, i żywot, nikt nie przychodzi do Ojca, tylko przeze mnie" (J 14,6).

Jezus pokazywał im drogę i cel! Mówiąc: Idę przygotować wam miejsce, byście gdzie ja jestem i wy byli, tak naprawdę obwieszczał, że idzie przygotować im miejsce w sercu Ojca. Zauważcie, że nie powiedział: Będziecie tam, gdzie ja będę, ale: Będziecie tam, gdzie ja jestem. Jezus od wieczności żył na łonie Ojca. Przebywając na ziemi, tak naprawdę ciągle tam żył. W J 1,18 czytamy:

„Boga nikt nigdy nie widział, lecz jednorodzony Bóg, który jest na łonie Ojca, objawił go".

Nadchodzi czas, gdy świat będzie słuchał tylko tych, którzy żyją na łonie Ojca, w Jego miłości. Ponieważ jedynie z tego miejsca możemy głosić Boga, objawić Go światu. Synostwo przezwycięży wszystkie inne perspektywy chrześcijaństwa. Tak się musi stać, ponieważ dopiero wtedy Kościół stanie się w końcu pełną reprezentacją synów Bożych.

Ojciec jest celem

Jezus powiedział: „Ja jestem droga i prawda, i żywot, nikt nie przychodzi do Ojca, tylko przeze mnie". On jest drogą do celu. Celem jest Ojciec. Potem Jezus dodaje:

„Gdybyście byli mnie poznali i Ojca mego byście znali; odtąd go znacie i widzieliście go".

Wielu ludzi przyjęło te słowa i uwierzyło, że jeśli ktoś widział Jezusa, jeśli posiada bliską i prawdziwą więź z Nim, to automatycznie ma bliską więź z Ojcem. Uważają, że nie istnieje oddzielne doświadczenie z Ojcem, odmienne od styczności z Jezusem. Ja też nieomal bym w to uwierzył, gdyby nie wiersz ósmy i pytanie Filipa:

„Rzekł mu Filip: Panie, pokaż nam Ojca, a wystarczy nam".

Filip stwierdza: Jezu, obserwujemy Cię od trzech lat. Ciebie widzę, ale nie widzę Ojca! Widzimy, że masz więź z Ojcem, ale widzimy tylko Ciebie. Pokaż nam Ojca!

Jezus odpowiedział:

„Odpowiedział mu Jezus: Tak długo jestem z wami i nie poznałeś mnie, Filipie? Kto mnie widział, widział Ojca; jak możesz mówić: Pokaż nam Ojca? Czy nie wierzysz, że jestem w Ojcu, a Ojciec we mnie? Słowa, które do was mówię, nie od siebie mówię, ale Ojciec, który jest we mnie, wykonuje dzieła swoje. Wierzcie mi, że Ja jestem w Ojcu, a Ojciec we mnie; a jeśliby tak nie było, to dla samych uczynków wierzcie" (J 14,9-11).

Jezus pouczał Filipa, że cuda to tak naprawdę znaki obecności

Ojca. W wierszu siódmym mówił: „Gdybyś mnie naprawdę poznał, poznałbyś też Ojca". Innymi słowy: można mnie znać lub można mnie naprawdę poznać. Gdybyś mnie naprawdę poznał, widziałbyś też Ojca.

Prawda jest taka, drogi czytelniku, że możesz mieć relację z Jezusem, a jednak w ogóle nie widzieć Ojca.
Jezus musi objawić Ojca

Pozwólcie, że ujmę to inaczej. W Mt 11,27 czytamy, że Jezus powiedział:

„Wszystko zostało mi przekazane przez Ojca mego i nikt nie zna Syna tylko Ojciec, i nikt nie zna Ojca, tylko Syn i ten, komu Syn zechce objawić".

To zdanie bardzo mnie dotknęło w młodości, ponieważ zawsze sądziłem, że samotności doświadcza się wtedy, gdy się nikogo nie zna. Odkryłem jednak, że prawdziwa samotność ma miejsce wtedy, gdy nikt nie zna ciebie. Gdy masz wrażenie, że nikt tak naprawdę nie wie, kim jesteś, to jesteś bardzo samotną osobą. Samotność zostaje przełamana, gdy pozwalasz komuś poznać, jak wygląda twoje życie.

Mówiąc: Nikt nie zna Syna, tylko Ojciec, Jezus stwierdzał, że tak naprawdę zna go tylko Bóg. Jezus przez całe swoje życie na ziemi doświadczał samotności. Nawet własna matka go nie rozumiała. Przechowywała Jego słowa w swoim sercu, ale tak naprawdę nie rozumiała go. Jezus powiedział: Tak naprawdę zna mnie tylko Ojciec. A potem odwrócił to stwierdzenie, mówiąc: Także Ojca nikt nie zna naprawdę, tylko Syn.

To stwierdzenie sprawiło, że żydowscy przywódcy rozgniewali się i ukrzyżowali Go. Ponieważ ten Jezus z Nazaretu twierdził, iż zna Jahwe lepiej niż oni, elita religijna! Ludzie ci spędzali całe swoje życie od dzieciństwa w świątyni i uczyli się wszystkiego, co tylko możliwe na temat Boga! Całe życie spędzali w tym środowisku, ucząc się na pamięć ogromnych fragmentów Pisma, pilnowali by ich postępowanie nigdy niczym mu się nie sprzeciwiało, po to by poznać Boga i zostać przez Niego przyjętymi.

Syn cieśli, który prawdopodobnie był uważany za dziecko nieślubne, powiedział im: Przy całej swojej wiedzy tak naprawdę nie znacie Jahwe. Tylko Ja Go znam. Oczywiście pomyśleli, że jest szalony, arogancki lub bluźnierczy. Mówiąc, że tylko On wszystko rozumie, że tylko On zna Boga, potępił cały żydowski system religijny.

I miał rację. Oni może wiedzieli o Bogu, ale On znał Boga. Ponieważ nie narodził się jako syn Adama, grzech nie oddzielił Go od Boga. W Iz 59,2 czytamy, że grzech oddziela nas od Boga, ale Jezus narodził się bez grzechu! Nie był synem Adama. Został poczęty przez samego Boga w łonie Marii.

W swoim życiu miał automatycznie zagwarantowany kontakt z Bogiem. Kiedykolwiek się modlił, objawiał mu się Ojciec – duch duchowi. Mimo wszystko musiał przyjmować to wiarą, tak jak my, ale miał intymną więź z Ojcem. Został poczęty przez Ducha, a zatem był wypełniony Duchem od samego początku.

Dlatego gdy powiedział, że nikt nie zna Ojca, tylko On, tak naprawdę mówił: Cały naród żydowski, który uczył się na Jego temat, nie zna Go, ale ja Go znam! Udowodnił, że to prawda swoimi czynami i słowami. Jego czyny były znakiem obecności

Ojca, nie tylko przejawem Jego mocy i władzy. Jego cuda wskazywały na rzeczywistość miłości Ojca do nas.

Gdy przywódcy religijni byli wstrząśnięci Jego zuchwałym twierdzeniem, iż jest jedynym, który naprawdę zna Boga, Jezus dodaje jeszcze: „Nikt nie zna Syna tylko Ojciec, i nikt nie zna Ojca, tylko Syn i ten, komu Syn zechce objawić" (Mt 11,27). Miał na myśli coś takiego: Ja znam Ojca dzięki osobistej więzi i nikt nie zna Go tak jak Ja, ale mogę Go wam objawić. Mogę objawić Ojca tym, którym zechcę Go objawić. Ojciec musi nam zostać objawiony przez Jezusa!

To się dzieje przez objawienie

Istnieje coś takiego jak objawienie Ojca. Nie można po prostu poznać Ojca, ponieważ ma się takie pragnienie. Nie możesz poznać Ojca, ponieważ przyjmiesz coś z Pisma albo uwierzysz w to, co Pismo mówi. Ojciec musi zostać ci ukazany przez objawienie, tak jak Jezus został ci ukazany przez objawienie, gdy narodziłeś się na nowo.

Nie narodziłeś się na nowo o własnych siłach. Nie zrobiłeś niczego, co sprawiłoby, że zostałeś zbawiony. Odpowiedziałeś tylko na Bożą inicjatywę.

Pokuta i wiara same w sobie nie powodują nowego narodzenia. Jednak gdy Bóg widzi, że robisz to z głębi serca, sprawia, że w twoim duchu następuje proces i odradza cię od środka. Nie dzieje się tak tylko dlatego, że wierzysz w to, co mówi Biblia i starasz się wykonywać to, co mówi Biblia. Stajesz się nowym stworzeniem przez działanie nadprzyrodzonych środków. Rodzi się w tobie coś zupełnie nowego i nie jesteś już taki sam. Jest to Boże działanie w twoim sercu. Zbawienie to tak naprawdę objawienie Jezusa, a objawienia tego udziela sam Bóg. On pokazuje nam Jezusa.

Podobnie chrzest w Duchu następuje wtedy, gdy Duch Święty objawia się twojemu duchowi. Rzeczywistość Ducha Świętego, znaczenie Jego istoty ukazuje się najgłębszej części twojej istoty i nagle wiesz, że Duch Święty jest prawdziwy. Nazywamy to chrztem w Duchu Świętym albo napełnieniem Duchem, ale tak naprawdę jest to objawienie obecności Ducha Świętego twojemu duchowi. Gdy to następuje, otrzymujesz objawienie i poznanie niektórych prawd dociera do ciebie automatycznie.

Gdy poznajesz Jezusa w chwili nawrócenia, automatycznie pewne prawdy zostają ci udzielone i nie wątpisz już w ich prawdziwość. Wiesz, że Jezus urodził się z dziewicy Marii. Skąd wiesz? Przez objawienie od Pana, dlatego że Jezus jest Panem. Wiesz, że jest nie tylko jakimś synem Bożym, ale jest jedynym Synem Bożym i bez kwestionowania wiesz, że nie ma innego syna poza Jezusem. Twój wewnętrzny duch spotkał się z Nim i wiesz, że jest to niezaprzeczalna rzeczywistość. Wielu męczenników zmarło straszną śmiercią, ponieważ nie byli w stanie zaprzeć się objawienia rzeczywistości Jezusa.

Także chrzest w Duchu Świętym przynosi objawienie, że On daje cudowną moc. Samson zniszczył filary świątyni. Eliasz wyprzedził rydwan i konie, biegnąc do miasta. Gdy Boży Duch zstępuje na człowieka, zstępuje też na niego moc, ponieważ Duch Boży udziela mocy Bożej. Trójca była zaangażowana w stworzenie wszechświata. Ojciec zainicjował stworzenie, wypowiedział Słowo, którym jest Jezus, a moc Ducha Świętego dokonała stworzenia. Cała Trójca współpracowała ze sobą.

Jeśli nie zostałeś wypełniony Duchem Świętym, będziesz próbował wyjaśniać cuda, w sposób, który je pomniejsza, ale gdy zostaniesz wypełniony Duchem Świętym, to się zmieni. Będziesz znał prawdę, ponieważ dotknąłeś rzeczywistości tego, który ma Bożą moc.

Objawienie Ojca

Poznanie Ojca to nie tylko kwestia trzymania się teologii zapisanej w księdze. Sam Ojciec staje się rzeczywistością dla twojego ducha, a Jego miłość zaczyna objawiać się w tobie. Gdy Jezus powiedział, że nikt nie zna Ojca poza Nim i tymi, którym On objawi Ojca, mówi o objawieniu Boga naszego Ojca naszemu sercu.

Wkraczamy teraz w dziedzinę serca, ponieważ objawienie dociera do serca. Podoba mi się to, ponieważ nie otrzymują go jedynie ludzie inteligentni lub posiadający na tyle silną wolę, że wykonują to, co powinni. Prawdę mówiąc, te rzeczy zwykle przeszkadzają.

Wierzę, że obecnie Bóg wylewa objawienie siebie jako Ojca w sposób bezprecedensowy od czasów apostołów. Istotą chrześcijaństwa jest poznanie Ojca przez objawienie. Jezus jest Drogą do Ojca. Objawienie Ojca jest celem.

ROZDZIAŁ 2

Dlaczego serce jest ważne

~

Chciałbym was zachęcić, byście pozwalali Duchowi Bożemu karmić waszego ducha podczas lektury tej książki. Pragnę, żeby przez tę książkę Bóg wykonał w waszym sercu pracę. Taki jest mój cel. Bóg zwykle nie przychodzi i nie indoktrynuje naszego umysłu. Bóg raczej przychodzi i zmienia nasze serca, bo gdy zmieni się twoje serce, staniesz się innym człowiekiem. Nie będziesz musiał niczego robić, a będziesz inaczej postępował i będziesz innym człowiekiem. Gdy nastąpi zmiana serca, automatycznie będziesz postępował inaczej.

Z pewnością zauważyliście, że Biblia nie została napisana jako podręcznik. Nie znajdujemy w niej listy tematów w porządku alfabetycznym. Celowo została tak napisana przez Boga, żeby prawdę odkrywali ci, którzy mają oczy, by widzieć i uszy, by słyszeć. Ktoś kiedyś powiedział, że Bóg uwielbia być szukany! Jak ojciec bawiący się z dziećmi w chowanego, zaplanował, że tylko ci, którzy będą z Nim spędzać czas, pragnący Go znaleźć, ci Go odkryją.

Gdy będziemy czytać Biblię, szukając Go w niej z całego serca, On pokaże nam wielkie i wspaniałe rzeczy, o których nie wiedzieliśmy. Gdy będziemy do Niego wołać, On odpowie! Jego prawdy są ukryte dla przypadkowego obserwatora. Dlatego nie dał nam swojego Słowa w postaci podręcznika, który może zgłębić przypadkowy obserwator. Jego prawdy są ukryte w słowach, które wydają się podobne do innych słów.

Ja odkryłem pewną fundamentalną prawdę ukrytą w Księdze Przypowieści 4,23, gdzie napisane jest: „Czujniej niż wszystkiego innego strzeż swego serca, bo z niego tryska źródło życia!" W innym tłumaczeniu [BT] czytamy: „Z całą pilnością strzeż swego serca, bo życie ma tam swoje źródło". Werset ten stał się centralnym tekstem naszej służby i uważam, że jest to jedno z wielkich stwierdzeń biblijnych. Biblia pełna jest wielkich prawd, takich jak „Bóg jest miłością" albo „Bóg jest duchem". Są to najważniejsze kwestie, mega-prawdy! Wierzę, że werset z Prz 4 jest jedną z mega-prawd chrześcijaństwa, która niestety bywa przez większość współczesnych chrześcijan przeoczana.

Serce jest najważniejszą częścią ciebie i wszystko, czego doświadczasz w życiu, przeżywasz w sercu. To jak interpretujesz życie, jak interpretujesz wydarzenia i jaki wywierają na ciebie wpływ, zależy od stanu twojego serca. Tak naprawdę posiadasz umysł, masz emocje i wolę, ale twoje serce, to ty!

Zobrazuję to w następujący sposób. Ktoś może coś powiedzieć dwóm osobom w tym samym czasie, a jednak jeden ze słuchaczy interpretuje to w jeden sposób, a drugi w zupełnie inny. Mówiący może używać takich samych słów, wypowiadać je jednocześnie, a jednak dla dwóch słuchaczy mogą one znaczyć dwie zupełnie inne rzeczy. Dlaczego? Ponieważ ich serca zostały inaczej uwarunkowane i te same słowa mogą mieć inne znaczenie. Dwie osoby mogą odebrać to samo spojrzenie od jednej osoby i zinterpretować je całkowicie odmiennie.

Można powiedzieć, że wszyscy żyjemy w odrębnych światach, ponieważ nasze serca zostały inaczej ukształtowane przez życie. Na przykład chłopiec wychowany przez okrutnego ojca, słysząc słowo „ojciec", automatycznie się zamknie. Nie będzie słuchał tego, co masz do powiedzenia. Ale u chłopca, który ma wspaniałego ojca, słowo „ojciec" wywoła automatycznie wrażenie bezpieczeństwa i dobrego samopoczucia. Dwa całkowicie odmienne światy!

Każdy z nas żyje w innym świecie, ponieważ nasze serca zostały ukształtowane i zmienione przez to, co przeżyliśmy. Środowisko rodzinne, miejsce w którym dorastaliśmy, uwarunkowania kulturowe, wykształcenie, status intelektualny, zdolności sportowe i rozmaite relacje, wszystko to wywarło wpływ na to, jak teraz postrzegamy życie. Może nawet nie potrafisz ubrać w słowa swoich myśli, ale postrzegasz życie przez uwarunkowania swojego serca.

Jak zmienia się serce

Po nawróceniu chcemy się zmienić i stać się bardziej podobni do Jezusa. Bóg dokonuje tego nie przez kształcenie naszego umysłu albo motywowanie, żebyśmy podejmowali lepsze decyzje dzięki ludzkiej determinacji. A przecież często właśnie tak przedstawia nam się chrześcijańską dojrzałość. „Jeśli chcesz się zmienić, to musisz to zrobić w następujący sposób. Musisz dojrzeć. Musisz dorosnąć".

Dominujące zrozumienie uczniostwa prezentowane dzisiaj, wygląda mniej więcej tak: Musisz robić to i to, albo: Musisz przestać robić to i to, albo: Musisz nabyć takie nawyki i zachowywać się w taki sposób, by się zmienić.

Jednak nawet jeśli powstrzymasz się od pewnych działań, nie zmieni to twojego prawdziwego ja, ponieważ to twoje serce decyduje o tym, kim jesteś! To, jak twoje serce zostało ukształtowane przez doświadczenia życia, decyduje o tym, kim jesteś.

Dlatego w Prz 4,23 czytamy:

„Czujniej niż wszystkiego innego strzeż swego serca, bo z niego tryska źródło życia!"

To, kim jesteś, zależy od stanu twojego serca. Dzięki determinacji i sile woli możesz zmienić postępowanie, ale powiem ci, co się stanie. Będziesz dokonywał właściwych wyborów i postępował tak, jak powinieneś. Może nawet nauczysz się odpowiednio uśmiechać i zachowywać jak dobry chrześcijanin. Ale pewnego dnia w twoim świecie coś się wydarzy i nagle wrócisz do tego, kim naprawdę jesteś i użyjesz języka, jakiego nie powinieneś używać. Albo powrócisz do sposobu myślenia i traktowania ludzi, o którym wiesz, że jest zły.

W chwili wielkiego napięcia prawda wyjdzie z twoich ust. Możesz nawet powiedzieć: Przepraszam, ale to nie ja. Powiem ci prawdę: To byłeś prawdziwy ty. Ponieważ gdy pojawia się presja, z twojego serca wychodzi to, kim naprawdę jesteś w postaci słów i sposobu komunikowania. Gdy dzieje się dobrze i jest miło, możesz mówić ze swojego umysłu, wiedzieć, co należy powiedzieć, ale gdy pojawi się presja, będziesz mówić i postępować zgodnie z prawdziwym stanem swojego serca. Zmiana postępowania nie zmieni tego, kim jesteś w samej głębi. Prawdziwa i trwała zmiana to zmiana serca.

Na szczęście Bóg zajmuje się zmienianiem serca. Bardzo podoba mi się to stwierdzenie. Jest to wspaniała prawda. Gdy Bóg zmienia serce, ta część twojego serca będzie sama z siebie wykonywać wszystko, o co prosi cię Bóg. Automatycznie będziesz taki, jakim powinien być chrześcijanin, nawet się nad tym nie zastanawiając, ponieważ będzie to wypływać z twojego serca.

W naszej służbie Fatherheart Ministries w Norwegii mamy wspaniałe małżeństwo, Olava i Unni. Nawrócili się w latach siedemdziesiątych i wywarli znaczący wpływ na swoje miasto. Jedna trzecia młodzieży w mieście się nawróciła. Po raz pierwszy spotkaliśmy ich jakieś dziesięć lat temu, gdy usługiwaliśmy w ich kościele, a oni zostali głęboko dotknięci przez miłość Ojca. Wszystkie wysiłki Olava, żeby być dobrym chrześcijaninem, dobrym pastorem ustały, gdy doświadczył miłości Ojca i doznał odpoczynku. Miłość Ojca odmieniła ich życie.

Olav i Unni dużo pracują w Kenii. Pewnego wieczoru w Nairobi, gdy wracali do domu z nabożeństwa, napadło ich dziewięciu młodych mężczyzn. Pobili ich i ukradli wszystko, co mieli. Porzucili ich na ulicy w slumsach w Nairobi. Gdy odzyskali przytomność, Unni ucieszyła się, że nadal ma obrączkę na palcu, bo wszystko inne im zabrano. Przysunęli się do siebie i zaczęli modlić za napastników. Wypełniła ich ogromna miłość do ludzi, którzy ich pobili! Sami byli zaskoczeni. Wylewała się z nich miłość. Nie mogli myśleć inaczej, niż: Ci wspaniali młodzieńcy! Boże pomóż im i kochaj ich. To tacy wspaniali młodzieńcy. Boże, błogosław ich. Ta miłość wypłynęła z ich serca. To doświadczenie przekonało ich o absolutnej rzeczywistości miłości Ojca, ponieważ miłość wypłynęła z ich serc bez żadnego wysiłku z ich strony. Nie musieli przebaczać napastnikom, ponieważ odkryli, iż posiadają coś wspanialszego. Mieli głęboką miłość do swoich nieprzyjaciół.

Takie powinno być serce prawdziwego chrześcijanina! Nie: „Muszę im przebaczyć" albo „Wiem, że należy im przebaczyć". Dla Olava i Unni był to przemożny wypływ tego, co znajdowało się już w ich sercach. Nie musieli sobie zadawać pytania, co należy zrobić w takiej sytuacji. Automatycznie objawiło się w nich serce Jezusa.

Gdy Bóg zmieni twoje serce, automatycznie staniesz się inny.

W chrześcijaństwie nie chodzi o to, by nauczyć się jaki jest właściwy sposób postępowania, a potem dzięki ludzkiej determinacji próbować go wprowadzić w życie. Oczywiście wierzę, że powinniśmy z całą determinacją sprzeciwiać się grzechowi, ale to nie porzucenie grzechu upodabnia nas do Chrystusa. Musimy wiedzieć, że tylko Bóg może tak zmienić nasze serca, że staniemy się podobni do Chrystusa. Gdy On cię zmieni, automatycznie staniesz się innym człowiekiem, nawet się nad tym nie zastanawiając.

Musimy zrozumieć, że chrześcijaństwo samo się napędza. Gdy prowadzisz chrześcijańskie życie, zmieni cię ono w takiego chrześcijanina, jakim powinieneś być. Nie dzięki twoim wysiłkom, samokontroli lub dyscyplinie. Jeśli będziesz prowadził życie, które wygląda na chrześcijańskie dzięki twoim wysiłkom, to ty odbierzesz za nie chwałę. Jedynie gdy Bóg zmieni ciebie sam, oddasz Mu za to chwałę. Bóg działa w naszym sercu, żeby zmienić to, kim jesteśmy i wtedy nasze postępowanie oraz sposób myślenia automatycznie zmieni się na podobieństwo tego, który nas zmienił.

Blizny

Jeśli zostałeś w życiu głęboko zraniony, w twoim sercu znajduje się rana, która pozostanie w nim, dopóki Bóg jej nie uleczy. Dopóki istnieje rana, dopóty ta część twojej istoty będzie w pewien sposób wykrzywiona i wypaczona i nie będzie funkcjonować tak jak powinna.

Gdy miałem dziewięć lat, spadłem z roweru. Na kolanie w miejscu, gdzie zardzewiała kierownica przecięła skórę, pozostała blizna. Bardzo wtedy płakałem. Po powrocie do domu oglądałem wielkie skaleczenie na kolanie. Gdy mama mnie opatrywała, ojciec spojrzał na kolano i powiedział: Zostanie ci blizna aż do końca życia. Do dzisiaj mam bliznę na kolanie, ale bardzo niewielką. Wiecie dlaczego? Ponieważ moje kolano urosło! Natomiast blizna pozostała taka sama, bo tkanka blizny nie rośnie. Gdy na twoim sercu znajduje się blizna, ta część ciebie nie dorasta, ale pozostaje dzieckiem. Dlatego tak wielu z nas niekiedy reaguje dziecinnie, a potem wstydzi się tego. Postanawiamy, że następnym razem zareagujemy inaczej, ale potem znów zachowujemy się tak samo! Bóg leczy blizny twojego serca. Gdy uleczy bliznę na sercu, ta część ciebie dorasta i dojrzewa. Nie trwa to długo. Dzięki Bogu, że leczy nas bardzo szybko!

Jeśli twoje serce było zaniedbane albo nie otrzymało wystarczająco uczucia, jeśli zostało złamane i zranione, to pozostaną w nim blizny, które może uleczyć tylko Bóg. Bóg uzdrawia nasze serca, a robi to wlewając w nas pociechę swojej miłości.

Twoje serce to ty

Gdy ranione jest twoje serce, zranione zostaje twoje wnętrze. Dlaczego? Ponieważ twoje serce nie tylko należy do ciebie. Twoje serce to ty. Zdolność dokonywania wyborów, to zdolność, którą posiadasz, ponieważ masz wolę. Możesz kierować swoją wolą, jak chcesz. Nie jesteś umysłem, ponieważ możesz zmieniać swój umysł. Możesz postanowić myśleć inaczej. Dlatego nie jesteś tym, co myślisz, bo możesz kontrolować to, o czym myślisz. Możesz kształtować swój umysł w różnoraki sposób. Możesz wiedzieć, że coś jest złe i postanowić wierzyć w coś innego. Możesz kierować swoim umysłem. Umysł to nie ty. Umysł należy do ciebie.

Tak samo rzecz się ma z uczuciami. Uczucia należą do ciebie, ale nie są tobą. Wielu ludzi popada w pułapkę, sądząc, że ich uczucia to tak naprawdę oni sami. Gdy są smutni, to cały świat jest smutny. Jeśli są szczęśliwi, to życie jest wspaniałe. Jeśli czują się przygnębieni, to postrzegają świat jako bardzo ponure miejsce. Twoje uczucia i emocje mogą do ciebie należeć, ale tak naprawdę nie stanowią ciebie. Tylko dlatego, że czujesz się w określony sposób, nie oznacza, że taka jest rzeczywistość.

Umysł należy do ciebie, wola należy do ciebie, uczucia należą do ciebie. Serce to jesteś ty.

Uzdrawiająca miłość

Gdy Bóg zmienia serce, zaczynasz kochać to, co kocha Bóg. Zaczynasz czuć to, co czuje Bóg. Zaczynasz myśleć tak, jak myśli Bóg. Zaczynasz robić to, co robi Bóg – automatycznie! W niniejszej książce nie chodzi o edukację, ale raczej o to, by Bóg wkroczył do naszego serca, uzdrowił je, wlał swoją miłość i zmienił serce, by stało się podobne do Jego serca.

Wspaniałą nowiną jest to, że gdy przychodzi miłość, wszystko co spowodował brak miłości, zostaje odwrócone. Czasem używam słowa „niemiłość", które nie istnieje, ale dobrze opisuje rzeczywistość. W tym świecie doświadczyliśmy tak wielu rzeczy, które nie są miłością. Może miałeś wiele traumatycznych doświadczeń niemiłości, które poczyniły wyrwy w fundamentach twojego życia. Każde doświadczenie niemiłości jest podobne do eksplozji w najgłębszych pokładach twojej istoty. Gdy Bóg wylewa swoją miłość na taki fundament, automatycznie wypełnia ona najpierw te wyrwy. Jego miłość płynie do dziur i traum życia i zaczyna je leczyć.

A jednak większość z nas ciągle tego nie rozumie. Większość służby duszpasterskiej koncentruje się na diagnozowaniu braków w życiu człowieka przez próby określenia sytuacji, które go zraniły. A potem modlimy się o te kwestie, prosząc o Boże uzdrowienie. Bóg odpowiada na nasze modlitwy i wylewa swoją uzdrawiającą miłość. A więc odnieśliśmy sukces. Odkryłem jednak, że można otworzyć serce i pozwolić na przepływ miłości Ojca, która wypełni wszystkie wyrwy! Nie trzeba ich identyfikować. Boża miłość automatycznie w nie wpływa! A zatem, jeśli uda nam się znaleźć klucz, który pomoże każdemu z nas otworzyć serce i pozwolić na przepływ miłości Ojca oraz go utrzymać, zostaniemy uzdrowieni, czy tego chcemy, czy nie!

Miłość Ojca wlewa się do naszych serc i tam się z Nim spotykamy. Kiedyś myślałem, że na tym kończy się potrzeba usługi. Uwierzyliśmy już w to, że poselstwo o ojcowskim sercu Boga uzdrawia ludzi emocjonalnie, odkryliśmy jednak, że uzdrowienie serca to zaledwie wstęp do poznania Ojca. Gdy Jego miłość przychodzi po raz pierwszy, najpierw uzdrawia nasze serca. Później jednak, jeśli nadal będziemy mieli otwarte serca, możemy w relacji z Ojcem stać się synami i córkami i nieustannie wzrastać w poznaniu i doświadczaniu Jego miłości.

Kluczem jest prawdziwe otwarcie serca. Nie wiem, jak otworzyć serce. Nie mam pojęcia, jak to się dzieje. A chciałbym wiedzieć. Mogę jednak stanąć przed Bogiem i powiedzieć: Boże, zgadzam się na wszystko, co chcesz ze mną uczynić. Czyń to, nawet jeśli będzie to bolesne. Ojcze, ufam Ci, wiem, że jesteś dobrym Bogiem i mnie

nie skrzywdzisz. Mogę się Tobie poddać. Mogę Ci zaufać, bo jesteś dobry.

Wielu z nas ma powody, żeby nie ufać ludziom. Ale nie ma powodu, by nie ufać Bogu. Niektórzy mówią: Bóg dopuścił do tego w moim życiu. Bóg nigdy nie wyrządził ci żadnej krzywdy, tobie ani nikomu innemu. Nigdy! On może być tylko dobry. Nie może grzeszyć. Tak więc nie masz żadnego powodu, żeby chować urazę do Boga albo przebaczać Mu coś, co jak ci się wydaje, uczynił. Możemy sądzić, że Bóg uczynił coś złego, ale to nieprawda. Choć nie zawsze rozumiemy, co dzieje się w naszym życiu, prawdą jest, że Bóg jest zawsze i jedynie dobry.

Gdy czytasz tę książkę, zachęcam cię, żebyś poddał Jemu swoje serce na tyle, na ile potrafisz. Możesz powiedzieć: Ojcze, uczyń, co chcesz. Może czytasz te słowa i masz jakieś oczekiwania, ale wolałbym, żeby spełniły się Boże oczekiwania, a nie moje. Możesz powiedzieć: Ojcze, przyjmuję to, czego Ty dla mnie pragniesz. Nie oczekuję spełnienia moich pragnień. On jest tylko dobry. Możemy Mu zaufać.

ROZDZIAŁ 3

Przebaczenie z głębi serca

Jezus umierając na krzyżu, zawołał: Wykonało się! Wszystko, co Bóg może dla nas uczynić, zostało już wykonane. Każde pragnienie, które Bóg nosi w swoim sercu dla nas, jest już dla nas dostępne. My natomiast dopiero teraz dochodzimy do zrozumienia tego, co On uczynił. To, co Jezus uczynił na krzyżu, staje się naszym rzeczywistym doświadczeniem. W procesie chrześcijańskiego rozwoju chodzi o to, byśmy wkroczyli w rzeczywistość tego, co Bóg już uczynił. Bóg nie musi już nic czynić. Chrystus wszystko wykonał. Dlaczego więc nie osiągamy pełni? Odpowiedzi na to pytanie będziemy szukać w następnych dwóch rozdziałach.

On już nas kocha

W objawieniu miłości Ojca nie chodzi o to, że staramy się nakłonić Go, aby wylał swoją miłość do naszych serc. Jego miłość ustawicznie, ciągle płynie. Pytanie brzmi: Dlaczego jej nie doświadczam w większym stopniu? Dlaczego nie jest dla mnie rzeczywistością?

Najważniejszą przeszkodą są blokady w nas, które nie pozwalają, żeby ta rzeczywistość zrealizowała się w naszym życiu. Gdy pozbędziemy się tych blokad, Jego miłość stanie się naszym prawdziwym doświadczeniem. Pieśnią przewodnią przebudzenia walijskiego był piękny hymn: „Oto miłość rozległa jak ocean, miłosierdzie jak potop". Boża miłość jest jak ocean. Wiem, jak wyglądają oceany. Lot z Nowej Zelandii do Los Angeles zabiera prawie dwanaście godzin, a po drodze nie ma praktycznie niczego innego niż ocean. Dopiero zanurzamy palce nóg w oceanie miłości Ojca.

Gdy zaczynamy ustawicznie doświadczać Jego miłości, następuje w nas zmiana osobowości. Nasze życie zmienia się, zostajemy przeobrażeni na podobieństwo Jezusa. Zmienia nas miłość. Kluczem do duchowego rozwoju jest pozbycie się rzeczy, które utrudniają nam doświadczanie rzeczywistości Jego miłości. Jest to najprostsza, a zarazem najgłębsza z prawd.

Chrześcijaństwo napędza się samo

Chrześcijaństwo napędza się samo od środka. Jeśli prowadzisz prawdziwe chrześcijańskie życie, będzie ono wytwarzać w tobie chrześcijanina, przemieniając cię na obraz Jezusa. Nie będziesz musiał niczego robić, żeby do tego doprowadzić. Jeśli nie zmieniasz się na podobieństwo Jezusa, to tak naprawdę nie doświadczasz chrześcijaństwa. Istota chrześcijaństwa polega na tym: Jezus umarł na krzyżu, żeby pojednać nas z Bogiem, abyśmy mogli nawiązać relację z Ojcem i żyć w doświadczeniu nieustającej miłości Ojca. Chrześcijaństwo to coś o wiele większego niż tylko wiedza o tym, że Bóg cię kocha. To prawdziwe doświadczanie Jego miłości każdej minuty każdego dnia. Różnica między tymi dwoma stanami jest ogromna. Nawet diabeł wie, że Bóg cię kocha. To nie jest wiara, to poprawna doktryna. Wiara to poznanie Boga darzącego cię miłością.

Jeśli nie doświadczasz tego, to znaczy, że w twoim sercu znajdują się blokady. Gdy blokady zostaną usunięte, niebo się otworzy.

Chrześcijaństwo można porównać do osoby, która odziedziczyła mnóstwo pieniędzy po zmarłym krewnym, o którym nawet nie wiedziała. Kilka lat temu media w Nowej Zelandii pisały o mężczyźnie, który odziedziczył dużą sumę pieniędzy po dalekim krewnym z Ameryki Południowej, o którym nigdy wcześniej nie słyszał. Wykonawcom testamentu zabrało kilka lat, żeby ustalić, że jest on jedynym żyjącym krewnym, a później odnaleźć go. Odziedziczył oszałamiającą sumę trzynastu miliardów dolarów.

Wyobraźmy sobie tę scenę. Pewnego dnia dzwoni do niego prawnik i zaprasza go na spotkanie. Mężczyzna idzie na owo spotkanie i dowiaduje się, że ogromna suma pieniędzy należy teraz do niego. Cóż za szok! Jak myślicie, co zrobi następnego dnia? Takie wydarzenie dramatycznie i na stałe zmieni jego życie. Moglibyśmy godzinami wyobrażać sobie, jak zachowa się ten człowiek i jak zmieni się jego los.

Prawda, drogi czytelniku, jest taka, że dokładnie tak samo rzecz ma się z chrześcijaństwem. Dzięki śmierci i zmartwychwstaniu Jezusa otrzymaliśmy ogromny spadek. Niektórzy z nas nie bardzo orientują się, jak wielki, ale uczymy się. Odkrywamy, co to znaczy być zbawionym. To o wiele więcej niż uzyskanie biletu do nieba, przyjemne życie, uprzejmość wobec bliźnich, bycie dobrym pracodawcą albo pracownikiem, regularne chodzenie do kościoła, a nawet sprawowanie jakiejś służby w kościele. Wielu wierzy, że to kwintesencja chrześcijaństwa! Coś wam powiem: chrześcijaństwo jest nieco większe niż to!

W chrześcijaństwie chodzi o to, byśmy ty i ja stali się podobni do Jezusa! To jest cel. Prowadzenie w wieczności życia podobnego do tego, jakie życie Jezus prowadzi w wieczności. To coś większego niż potrafimy sobie wyobrazić. Chrześcijaństwo to wielka sprawa, a odziedziczyliśmy naprawdę dużo. Osoba, która od pięciu minut jest chrześcijaninem odziedziczyła nie mniej, niż osoba, która jest chrześcijaninem od osiemdziesięciu pięciu lat. Osoba, która jest dłużej chrześcijaninem, może lepiej rozumieć, jakie ma dziedzictwo, ale tak naprawdę wszyscy mamy to samo.

Einstein powiedział kiedyś: Tak naprawdę nie rozumiesz czegoś, czego nie potrafisz wyjaśnić swojej babci. Podoba mi się to, ponieważ jeśli coś w życiu rozumiesz, to staje się to łatwe. To, o czym mówię, nie jest skomplikowane. Ojciec kocha nas i zmienia. Gdy poznajemy tę miłość, doświadczamy tej miłości i chodzimy w tej miłości, doznajemy zmiany na obraz Pana. Dlatego chcę powiedzieć wam o kilku rzeczach, które w moim życiu stanowiły blokadę i ukazać drogę, jaką przeprowadził mnie Bóg.

Niewygodny cud

Jacka Wintera poznałem w 1976 roku w Nowej Zelandii, gdy zaprosił nas, żebyśmy przyjechali do Stanów i przyłączyli się do jego służby, która nosiła nazwę Daystar Ministries. Udaliśmy się tam we wrześniu 1978 roku. Przylecieliśmy do dusznego i gorącego Los Angeles, a potem do Indianapolis. Mieliśmy bilet w jedną stronę, co uznawałem za wspaniały Boży cud, ponieważ żeby wjechać na terytorium Stanów Zjednoczonych na krótki pobyt przybywający muszą mieć bilet powrotny. Dorothy Winter odebrała nas z lotniska i udaliśmy się do centrum misji w Martinsville w stanie Indiana. Tam usłyszałem o miłości Ojca.

Miałem jednak problem. Tak naprawdę nie czułem się powołany

do służby miłości. Byłem mężem Bożym, a nie Bożym mięczakiem. Całe to gadanie o miłości zdecydowanie nie było dla mnie. Moim zdaniem w służbie chodziło o to, żeby chłostać słowami, które przebijają się przez moce ciemności i rzucają demony na kolana. Gdy przybyłem do centrum misyjnego Jacka razem z Denise i trójką dzieci, z konsternacją odkryłem, że mówią tam tylko o miłości. Przestraszyłem się, że popełniliśmy straszny błąd, ale nie mogliśmy wrócić do domu, bo nie mieliśmy biletu powrotnego! Bóg przy całej mojej niewygodzie realizował swój cel.

Tak więc utknęliśmy tam na dobre. Zacząłem się zastanawiać, co mogę zrobić, żeby nadać temu pobytowi jakąś wartość. Pewnego dnia rozmawiałem z jedną ze wstawienniczek, spojrzałem w jej oczy i zobaczyłem, że ona wie, jak się modlić. Pomyślałem: Ja nie mam pojęcia, jak się modlić, ale ona to wie. Wtedy postanowiłem, że spróbuję się tego nauczyć.

Uczę się modlić jak prawdziwy mężczyzna

Bardzo zmotywowała mnie historia z Dziejów Apostolskich, gdy Piotr znajdował się na dachu. Napisane jest, że gdy się modlił, poczuł głód. – Ile czasu potrzeba, żeby człowiek zgłodniał? – zastanawiałem się. Potrzeba na to przynajmniej kilku godzin. Rozumiałem Piotra, ponieważ był człowiekiem ciężko pracującym fizycznie. Mężczyzną o spracowanych dłoniach i ogorzałej od słońca twarzy. Spędzającym czas na świeżym powietrzu, tak jak ja. Człowiekiem, który gdy coś się nie układało, zatapiał się w pracy. Po śmierci Jezusa poszedł łowić ryby. Nie wczołgał się pod łóżko, żeby tam płakać ani nie zamknął się w pokoju, by czytać poezję. Kocham poezję, sam trochę pisałem, ale bardziej utożsamiałem się z Piotrem robotnikiem. Też miałem zrogowaciałe dłonie. Znaczną część mojego życia spędziłem w górach jako zawodowy myśliwy, a potem po ślubie z Denise pracowałem na budowach.

Dlatego potrafiłem się utożsamić z szorstkim i twardym mężczyzną jakim był Piotr. Nawet taki aktywny, ciężko pracujący człowiek jak on nauczył się wytrwałości w modlitwie. Czasem zakładamy, że łatwiej jest modlić się długo osobie introwertycznej, w typie naukowca, a Piotr modlił się, aż poczuł głód. Stało się to dla mnie wielkim wyzwaniem.

Inną postacią biblijną, która stała się dla mnie wyzwaniem, był Eliasz, również typ twardego mężczyzny. Znajdujemy określenie, że jego czoło było twarde jak krzemień. Tylko człowiek szczególnego pokroju może czynić rzeczy, które on robił. Gdyby Eliasz wszedł do pokoju, prawdopodobnie przestraszylibyśmy się jego oczu. Co mnie uderzyło w 2 Krl 1,9 to fakt, że Eliasz siedział na szczycie góry. To dowodziło, że prowadził życie modlitwy. Umiał siedzieć i spędzać czas z Bogiem.

Poczułem, że stanowi to dla mnie wyzwanie, ponieważ ja sam nie umiałem się długo modlić. A chciałem się tego nauczyć. Chciałem stać się bardziej podobny do tych inspirujących postaci, o których czytałem. W piwnicy domu, w którym mieszkaliśmy, znajdowała się piękna mała kaplica. Postanowiłem, że będę spędzać tam czas w każdą sobotę rano, gdy nie było tam nikogo. Planowałem, że zamknę drzwi i będę się modlił tak długo, jak dam radę.

Gdy zbliżała się sobota, rozmyślałem nad listą rzeczy, o które będę się modlić. Wiedziałem, że chwycę się wszystkiego, co można zakwalifikować jako formę modlitwy, oby tylko trwała ona jak najdłużej. Stwierdziłem, że jeśli myśli zaczną mi uciekać, to nie będę się potępiać, ale skupię się na nowo. Czułem się spokojny, że nie będę prosił o przebaczenie mojej ludzkiej słabości, ale po prostu będę się modlić w oparciu o listę modlitewną. W następną sobotę zamknąłem się w kaplicy i modliłem się o wszystko, co tylko przyszło mi na myśl.

Modliłem się językami, modliłem się po angielsku, modliłem się śpiewając, modliłem się leżąc twarzą do ziemi, modliłem się leżąc na wznak, modliłem się biegając wokół pomieszczenia. Modliłem się tak długo, jak byłem w stanie i jak najwolniej, żeby modlitwa trwała dłużej. Miałem ze sobą Biblię, ale przecież nie byłem tam, żeby czytać Biblię. Po długim czasie, który wydawał mi się wiecznością, czułem, że ściany na mnie napierają, byłem znudzony i czułem atak klaustrofobii. Wybiegłem z sali na korytarz. Popatrzyłem na zegarek. Była 6:20. Zacząłem modlitwę o 6:00.

Nie jestem człowiekiem, który się łatwo poddaje. Na tym polega uczenie się modlitwy. Przez resztę tygodnia zastanawiałem się, o co jeszcze mogę się modlić. Następnej soboty też będę się modlić, ponieważ postanowiłem robić to co sobotę. W następną sobotę przeszedłem ten sam proces, modląc się o wszystko, co mi przyszło na myśl, najwolniej jak potrafiłem, językami, po angielsku, śpiewając, stojąc, siedząc, leżąc, biegając. Wykorzystałem wszystkie możliwe permutacje różnych metod modlitwy. I wreszcie, kiedy już nie mogłem dłużej tego znieść, wyszedłem na zewnątrz... Okazało się, że modliłem się dwadzieścia pięć minut. Pomyślałem, że jest postęp, ale zabierze mi dużo czasu, zanim będę w stanie siedzieć na szczycie góry całe dnie jak Eliasz! Z całą pewnością nie poczułem głodu jak Piotr!

Udawałem się do kaplicy w każdą sobotę rano. Była to ciężka praca, ale wytrwałem, ponieważ uznałem, że skoro inni potrafią to robić, to ja też. Chciałem być mężem Bożym i miałem zamiar zrobić wszystko co w mojej mocy, żeby nim zostać.

Aż pewnego dnia coś się wydarzyło. Gdy się modliłem, nagle Boża obecność wypełniła pomieszczenie. Wiele razy wcześniej odczuwałem Jego obecność, ale nigdy w takim natężeniu, gdy byłem sam. Doświadczałem potężnej obecności Bożej z innymi na nabożeństwie, ale nigdy sam. Było to zadziwiające. Gdy przyszła Jego obecność, natychmiast pomyślałem, że nie powinienem robić niczego, co sprawiłoby, że odejdzie. W ręce trzymałem Biblię i nie wiedziałem, czy ją otworzyć. Nie prosiłem o nic, co mogłoby się wydawać egoistyczne albo wypływać ze złych motywacji. Stałem po prostu przed Nim i robiłem tylko to, z czym czułem się wygodnie w Jego obecności. Po chwili Jego obecność odeszła, rozproszyła się jak mgła na zboczu góry. Nagle uświadomiłem sobie, że jestem sam. On odszedł. Spojrzałem na zegarek. Minęła ponad godzina, a mi wydawało się, że trwało to pięć minut. Wtedy tego nie rozumiałem, ale w ten sposób poznawałem tajemnicę nie tylko modlitwy, ale tajemnicę chrześcijańskiego życia.

Całe życie chrześcijańskie tak naprawdę koncentruje się na jednym: żeby odnaleźć Jego obecność i pozostać w niej, nauczyć się świadomie żyć w rzeczywistości Jego obecności. Za każdym razem, gdy szedłem potem do kaplicy, szukałem Jego obecności. Czasem się pojawiała, czasem nie, ale przychodziła coraz bardziej regularnie, a ja uczyłem się szukać Jego obecności.

Potem pewnego dnia gdy się modliłem, wydarzyło się coś, co wszystko zmieniło. Było to ostatniego razu, gdy poszedłem do kaplicy. Jego obecność pojawiła się i przebywałem z Nim. W tym czasie modliłem się od trzech do czterech godzin. Chodziłem po kaplicy z otwartą Biblią w ręce. Gdy doszedłem do ściany i odwróciłem się, nagle Pan przemówił do mnie.

Ta chwila wywarła wpływ na to, kim dzisiaj jestem i – choć

wtedy tego nie wiedziałem - miała wpłynąć na życie tysięcy ludzi. Pan rzucił mi szczególne wyzwanie. Zadał mi pytanie, które wstrząsnęło mną do głębi. Pytanie składało się z pięciu słów, ale miało głęboką treść. Pamiętajcie, że zmagałem się z pytaniami dotyczącymi przyjęcia miłości Ojca. Bóg przemówił bardzo wyraźnie. Jego obecność stała się, jeśli mogę to tak opisać, bardzo celowa. Nagle znalazłem się w świetle jupitera. Miałem wrażenie, że Pan przygląda mi się uważnie, żeby zobaczyć, jak odpowiem na Jego pytanie.

Wiedziałem, że On wie, co myślę i czuję. Moje reakcje były przed Nim obnażone. Byłem przerażony, że stałem się obiektem bacznej obserwacji Pana. Miałem wrażenie, jakby było to skrzyżowanie światła reflektora poszukiwawczego z badaniem rentgenowskim. W Liście do Hebrajczyków 4,13 czytamy: „Wszystko jest obnażone i odsłonięte przed oczami tego, przed którym musimy zdać sprawę". Byłem przerażony, kiedy to sobie uświadomiłem. Pod Jego bezlitosnym spojrzeniem byłem niczym nie osłonięty. Stałem tak, próbując zastanowić się, jak odpowiedzieć na to pytanie. Było łatwe do zrozumienia, ale niezwykle trudno było stawić mu czoła.

Pan po prostu spytał mnie: James, czyim jesteś synem?

Gdyby zadał mi nieco inne pytanie albo gdyby ujął je w nieco inny sposób, z łatwością mógłbym na nie odpowiedzieć. Gdyby zapytał mnie: Jamesie, kto jest twoim ojcem? Mógłbym odpowiedzieć: Moim ojcem jest Bruce Jordan. Nie ma co do tego wątpliwości. Bruce Jordan jest moim ojcem. Odpowiedziałbym po prostu: Bruce, Bruce Jordan jest moim ojcem! Ale On nie zapytał mnie, kto jest moim ojcem. Zapytał mnie, czyim jestem synem. Zrozumiałem, że zadał mi to pytanie już dawno, dawno temu, zanim jeszcze przestałem być synem mojego ojca.

Zamknięcie serca przed ojcem

Pamiętam dokładnie, jak mając około dziesięciu lat, siedziałem na fotelu u fryzjera, który ścinał mi włosy. Siedziałem z rękami na oparciu starego skórzanego fotela fryzjerskiego. W naszym miasteczku każdy miał przynajmniej jedną strzelbę myśliwską, której używał w czasie polowań oraz odbywających się regularnie zawodów strzeleckich. Fryzjer był najsłynniejszym myśliwym w mieście. Wyruszał w góry tylko ze strzelbą, kocem do spania, workiem mąki i ryżu, odrobiną soli i znikał tam na całe tygodnie. Jednak najlepszym strzelcem w mieście była moja matka. Była prawdziwą Annie Oakley. Udawała się na polowanie na króliki i wracała z sześćdziesięcioma, a nawet dziewięćdziesięcioma królikami w ciągu jednego popołudnia, a wszystkie otrzymywały strzał w głowę. Do dzisiaj mam jej strzelbę.

Gdy fryzjer obcinał mi włosy, wszedł inny mężczyzna i zaczęli rozmawiać. – Jak tam twoje ostatnie polowanie? – zapytał fryzjer. Mężczyzna odpowiedział coś, co zmieniło moje życie. Stwierdził, że polowanie nie udało się, ponieważ rządowy selekcjoner jeleni wykonał swoją pracę i niewiele jeleni pozostało do upolowania. Selekcjonerzy jeleni byli zatrudniani przez władze, żeby mieszkali w górach i dokonywali odstrzału jeleni. Zajmowali się tylko tym. Mieszkali w górskich chatach i spali pod skałami. Gdy to usłyszałem, natychmiast zrozumiałem, że rządowi selekcjonerzy byli lepszymi myśliwymi niż najlepsi myśliwi w mieście, ponieważ wystrzelali wszystkie jelenie i nic nie zostało dla innych myśliwych. Od tego czasu chciałem żyć samotnie w górach i dokonywać odstrzału jeleni dla rządu.

Kocham góry, ale tak naprawdę pociągało mnie poczucie wolności od relacji, jakie niosło życie. Odkryłem, że ludzie mnie ranią i sądziłem, że jeśli będę żył z dala od ludzi, to nie będę czuł bólu.

Większość mojego bólu pochodziła z relacji z ojcem. Gdy dowiedziałem się o selekcjonerach, przestałem się wysilać w szkole. Za każdym razem kiedy nauczyciel wręczał mi świadectwo, mówił moim rodzicom: James jest najzdolniejszym uczniem w klasie, ale nic nie robi. Byłem w stanie przechodzić z klasy do klasy i zdawać egzaminy bez spędzania czasu w szkole. Dlatego przebywałem poza szkołą tak często, jak tylko mogłem. Chciałem jedynie doczekać do osiemnastki, gdy będę mógł zostać selekcjonerem jeleni. Pozwolili mi rozpocząć pracę, gdy miałem siedemnaście lat. Zostałem tak zraniony przez mojego ojca, że zamknąłem przed nim serce, zanim skończyłem dziesięć lat. Od tamtej chwili nie byłem dla niego synem.

Gdy Pan zadał mi to pytanie: James, czyim jesteś synem? – od razu wiedziałem, że oczekuje ode mnie imienia. Pytanie było bardzo konkretne: James, czyim jesteś synem? Podaj mi imię!

Pierwsza myśl, jaka mi przyszła do głowy, brzmiała: Jestem synem Bruce'a Jordana. Jednak od razu zrozumiałem, że nie mogę tak powiedzieć, ponieważ On obserwuje moje serce i wie, że nie byłem synem mojego ojca.

Pytanie to poruszyło moje wnętrze. W poprzednich miesiącach czytałem Ewangelię Jana i słowa Jezusa o więzi z Ojcem wywarły na mnie wpływ. Podkreśliłem w Biblii każde zdanie wypowiedziane przez Jezusa. Takie stwierdzenia jak: „Chcę pełnić Twoją wolę" albo „Ja mam pokarm do jedzenia, o którym wy nie wiecie. Moim pokarmem jest pełnić wolę tego, który mnie posłał, i dokonać jego dzieła". Nagle uświadomiłem sobie, że wykonywanie woli Ojca przynosiło Jezusowi taką satysfakcję, że czasem nawet nie odczuwał fizycznego głodu. Kiedy jednak przyjrzałem się mojej relacji z ojcem, zauważyłem, że była zupełnie inna. Zrozumiałem, że tak naprawdę Pan mówi do mnie: James, dla kogo byłeś synem, tak jak Jezus był dla mnie synem? O to naprawdę pytał Bóg.

Pan zwrócił uwagę na ważną kwestię w procesie przygotowywania mojego serca na przyjęcie miłości Ojca. Moje nastawienie do ziemskiego ojca stanowiło potężną blokadę w przyjęciu Bożego ojcostwa.

Mój tata

Dominującym wspomnieniem związanym z moim tatą była jego niezwykła zdolność wywoływania kłótni, szczególnie gdy był pijany, czyli często. Cokolwiek ktoś powiedział, on zawsze zajmował przeciwne stanowisko, prowokował i wywoływał zwadę. Będąc małym chłopcem, nie rozumiałem, że mój ojciec miał problemy, z którymi sobie nie radził. Myślałem po prostu, że mnie nienawidzi. Zwykł mnie prowokować do tego stopnia, że traciłem nad sobą kontrolę i wpadałem w szał. Żeby mnie sprowokować, mówił mi, że jestem głupi. „Masz nie po kolei w głowie. Jesteś idiotą. Nie jesteś wystarczająco dobry. Nie lubię cię. Jesteś chyba nienormalny. Nie umiesz nawet logicznie myśleć. Co z tobą jest nie tak!" Nauczyłem się wtedy czegoś na temat kłótni. W kłótni nie chodzi o argumenty. Temat sprzeczki to tylko narzędzie, którego używa kłócąca się osoba, żeby zyskać nad tobą przewagę. Kłótnia to w rzeczywistości walka o władzę.

Niewątpliwie mój ojciec miał problemy. Ja też, ale ja byłem małym chłopcem. A on wykorzystywał całą siłę dorosłego głosu, umysłu i całej siły swojej osobowości przeciwko mnie. Czasem tak mocno kopałem w szafki w kuchni, że wypadały z zawiasów. Dosłownie wpadałem w furię, trzaskałem drzwiami i wkurzony wybiegałem na wzgórze za domem. Potem płakałem, aż się uspokoiłem. Wracałem do domu, gdy gasły światła. Wchodziłem do sypialni przez okno i kładłem się spać. Nikt nie przychodził sprawdzić, czy wróciłem do domu, czy nie. Napięcie w domu utrzymywało się długie dni. Potem powoli zanikało, aż do następnej kłótni. Dorastając w takiej atmosferze, zamknąłem swoje serce przed ojcem.

Decyzja o przebaczeniu

Niedługo po moim nawróceniu do naszego kościoła przyjechał kaznodzieja. Głosił kazanie następującej treści: Musisz przebaczyć wszystkim, którzy zgrzeszyli przeciwko tobie. Jeśli nie przebaczysz, Bóg nie przebaczy tobie. Zrozumiałem, co mówił. Wiele razy czytałem Pismo. Ale interpretowałem to jako kwestię wiecznego zabezpieczenia. Brak przebaczenia sprawia, że można utracić zbawienie. Nie potrafiłem znaleźć innej interpretacji tego wersetu.

Jeśli istnieje jakiś temat, który mnie nakręca, to właśnie ten! Uważam, że wielu chrześcijan na świecie żyje w zwiedzeniu odnośnie przebaczenia. Wielu uważa, że przebaczyli, gdy tak naprawdę w głębi serca tego nie zrobili. Uważają, że sprawa jest załatwiona, ponieważ przebaczyli tak, jak ich tego nauczono. Słuchając tego kaznodziei, czułem przemożną presję, żeby przebaczyć ojcu, bo inaczej utracę zbawienie. Znalazłem się w pułapce! Chciałem wyjść z sali, ale nie mogłem. Myślałem, że jeśli wyjdę, to porzucę chrześcijaństwo. Dlatego zostałem, a presja stawała się coraz silniejsza.

Smutna prawda była taka, że nie chciałem przebaczyć ojcu. Żadna cząstka mojego istnienia nie była w najmniejszym stopniu zainteresowana tym, żeby mu przebaczyć, ale kaznodzieja stanowczo naciskał, że muszę to zrobić.

Nie chodzi o wolę

Na koniec nabożeństwa powiedział: Wszyscy, którzy muszą komuś przebaczyć, niech wyjdą do przodu. Wyszedłem więc do przodu, ciągle ze sobą walcząc. Jeden ze starszych stanął przy mnie. W końcu po dłuższej chwili, gdy nie byłem w stanie zmusić się do wypowiedzenia słów przebaczenia ojcu, powiedział do mnie: Użyj swojej woli.

Gdy to powiedział, wiedziałem, że to dla mnie wyjście, ponieważ umiałem korzystać ze swojej woli. Czasem gdy przebywałem w górach, pogoda pogarszała się, rzeki wzbierały, a ja byłem przemoczony i wychłodzony. W takiej sytuacji, jeśli nie dotrzesz przed zmrokiem do odległej chaty, nie przeżyjesz nocy. Dlatego zmuszasz się wysiłkiem woli, żeby przedrzeć się przez wiatr i deszcz do chaty. Takie sytuacje znałem bardzo dobrze i wiedziałem, co to znaczy zaangażować swoją wolę. Gdy więc starszy to powiedział, wyłączyłem emocje i aktem woli powiedziałem: Przebaczam mojemu ojcu w imieniu Jezusa. Poczułem ulgę. Przestałem płakać. Poczułem się szczęśliwy. Moje wieczne zbawienie nie było zagrożone.

Gdy znajdowałem się w kaplicy i Pan zapytał mnie, czyim jestem synem, uświadomiłem sobie, że w sercu nadal mam problem z ojcem. Nie byłem dla niego synem. Nie miałem z nim relacji. Nawet nie chciałem mieć z nim relacji. Nadal od czasu do czasu się kłóciliśmy. Do tego dnia nie rozumiałem, że moje wcześniejsze przebaczenie było powierzchowne.

Wielu ludzi uwierzyło, że przebaczenie to decyzja. Tak, może się zacząć jako decyzja, ale to nie jest jeszcze przebaczenie. Słowo 'przebaczam' wypowiedziane aktem woli nie oznacza prawdziwego przebaczenia.

Pozwólcie, że w następnym rozdziale dokończę opowiadanie historii tego, co stało się owego dnia w kaplicy, a teraz przejdę do kwintesencji przesłania, które chciałbym przekazać w tym rozdziale.

Przebaczenie aktem woli a przebaczenie z serca

Wielu ludzi uważa, że przebaczyło, ponieważ podjęli taką decyzję, użyli swojej woli i wypowiedzieli słowa przebaczenia.

Słowo przebaczenie stało się takim frazesem, że większość chrześcijan radośnie zakłada, iż wie, czym jest przebaczenie. To jednak, co chciałbym przekazać w tej książce, znacznie się różni od powszechnego zrozumienia. Właściwie to nigdy nie słyszałem, żeby jakiś inny kaznodzieja mówił to, co ja za chwilę powiem.

Zwróćmy uwagę na Ewangelię Mateusza rozdział 18. Pierwsza część historii zaczyna się w wersecie 21. Piotr przychodzi do Pana Jezusa i zadaje pytanie dotyczące przebaczenia. Czytamy tam: „Wtedy przystąpił Piotr do niego i rzekł mu: Panie, ile razy mam odpuścić bratu memu, jeżeli przeciwko mnie zgrzeszy? Czy aż do siedmiu razy?"

Tak brzmiało pytanie Piotra. W rzeczywistości pytał on: Panie, jak daleko mam się posunąć w przebaczeniu? Ile razy mam przebaczać?

W formie pytania Piotra zauważam pewien opór. Prawdopodobnie Piotr zauważył łaskawość i miłosierdzie Jezusa okazane kobiecie przyłapanej na cudzołóstwie i przy innych okazjach. Gdy przyjaciele spuścili sparaliżowanego człowieka przez dach, żeby został uzdrowiony, pierwsze słowa Jezusa do niego brzmiały: „Synu, odpuszczone są grzechy twoje", a przecież on nawet nie poprosił o przebaczenie! Piotr obserwował, jak Jezus odpuszcza grzechy i bardzo hojnie okazuje miłosierdzie. Przyglądał się temu od dłuższego czasu i myślał: Jak daleko się posuniesz, Jezu? Jak pogodzisz przebaczenie z wymaganiami zakonu? Gdy Piotr zadał to niewiarygodne pytanie, obnażył swoje serce. Jezus odpowiedział mu: „Nie powiadam ci: do siedmiu razy, lecz do siedemdziesięciu siedmiu razy".

Nie uważam, żeby Jezus miał na myśli dosłowne przebaczenie siedemdziesiąt siedem razy, a potem Piotr miałby już spokój. Jezus mówił, że przebaczenie nie ma końca. Ukazał, że w rzeczywistości Piotr nie miał pojęcia o tym, czym jest przebaczenie.

W ramach tego, jak dzisiaj powszechnie rozumie się przebaczenie, wybaczenie tej samej osobie tego samego grzechu siedem razy byłoby niezwykle trudne. Gdy ktoś grzeszy przeciwko tobie, to zawsze boli. Zawsze jest z tym związane jakieś cierpienie. A zatem wielokrotne przebaczanie, zapominanie i odpuszczanie bolałoby za każdym razem coraz bardziej. Większość z nas po drugim albo trzecim razie pociągnęłaby taką osobę do odpowiedzialności i przyjaźń zostałaby zakończona. Dlatego gdy Piotr powiedział siedem razy, wydawało mu się, że jest bardzo pobożny. Ale tak naprawdę pokazywał, że zupełnie nie rozumie przebaczenia. Łaska, miłosierdzie i przebaczenie, o których mówił Jezus, znajdowały się w zupełnie innym wymiarze.

Umiłowanie miłosierdzia

Aby zilustrować, co Jezus miał na myśli, zwróćmy uwagę na Księgę Micheasza 6,8. Wielu ludzi wiesza na ścianach ten werset.

„Oznajmił ci człowiecze, co jest dobrego, i czegoż Pan chce po tobie; tylko abyś czynił sąd, a miłował miłosierdzie i pokornie chodził z Bogiem twoim". [BG]

Umiłowanie miłosierdzia! Miłosierdzie polega na tym, że pragniesz, aby winny został uwolniony. To przebaczenie. Bóg pragnie, żebyśmy kochali przebaczać. To nie powinno być coś, co musisz robić, ale coś, co uwielbiasz robić. Bóg pragnie w nas serca, które kocha przebaczenie.

Jeśli coś kochasz, będziesz to ciągle robił. Będziesz to robił, za każdym razem gdy nadarzy się okazja. Co więcej, będziesz szukał możliwości robienia tego. Gdy Piotr pytał: Panie, ile razy mam przebaczyć mojemu bratu, jeśli zgrzeszy przeciwko mnie, tak naprawdę mówił: To trudne zadanie. Nie lubię tego robić. Jest mi trudno. Nie chcę przebaczać. Ale Jezus powiedział: Piotrze, nie masz pojęcia, czym jest przebaczenie.

Jezus opowiedział historię, żeby Piotr zrozumiał różnicę. Często tego nie zauważamy. Piotr nie rozumiał, czym jest przebaczenie. Myślał, że dokonuje się przez ludzką determinację wbrew temu, co człowiek naprawdę chce zrobić. Często ludzie mówią mi: Ktoś mi to zrobił i chyba będę musiał mu wybaczać każdego dnia do końca życia. Tak, przebaczenie to proces. Sześć miesięcy zabrało mi uporanie się z przebaczeniem ojcu. Nie mówię, że to nie jest proces, bo jest to proces. Pan przeprowadził mnie przez następne wersety z Mateusza, żebym przebaczył ojcu tak, jak On chciał. On chce, żebyśmy przeszli od decyzji o przebaczeniu do przebaczenia z miłości, a potem do stanu, w którym będziemy kochali przebaczanie. Żebyśmy przeszli od przebaczenia jako aktu woli do nieustannego przebaczenia z serca, które uwielbia przebaczać.

Znaczna część współczesnego Kościoła została nauczona, że przebaczenie to kwestia decyzji i aktu woli. Jezus się z tym nie zgadza. On mówi, że przebaczenie to kwestia serca.

Przebaczenie to anulowanie długu

W tym fragmencie Jezus widząc, że Piotr postrzega przebaczenie jako trudne do wypełnienia przykazanie, któremu trzeba się jednak podporządkować, opowiedział pewną historię. Miała ona wprowadzić Piotra w nowe zrozumienie przebaczenia, jako aktu, którym będzie kochał się dzielić i które będzie wypływało z serca. Pozwólcie, że sparafrazuję tę historię.

Pewien król miał sługę, który sprzeniewierzył ogromne państwowe pieniądze. Nie ważne, czy uprawiał hazard, źle zainwestował, czy wydał. Pieniądze zniknęły. Gdy to odkryto, błagał króla o przebaczenie. Król mu przebaczył i anulował dług.

Sługa wyszedł z pałacu i niedługo potem spotkał kogoś, kto był mu winny niewielką sumę pieniędzy. Człowiek ten też zaczął go błagać o przebaczenie niewielkiego długu, ale ten, któremu odpuszczono wielki dług, nie chciał przebaczyć i wtrącił go do więzienia, dopóki tamten nie spłaci wszystkiego, co był winien. Wieść o tym dotarła do króla, który wezwał sługę ponownie i powiedział: Odpuściłem ci cały ten dług, a ty nie przebaczyłeś komuś małej sumy! Z tego powodu król wtrącił go do więzienia, gdzie był poddawany torturom i dręczony.

Tak przedstawia się ta historia. W wierszu 34 czytamy: „I rozgniewał się pan jego, i wydał go katom, żeby mu oddał cały dług". A potem Jezus wypowiedział prawdopodobnie jeden z najważniejszych komentarzy w Nowym Testamencie: „Tak i Ojciec mój niebieski uczyni wam, jeśli każdy nie odpuści z serca swego bratu swemu". Innymi słowy, będziesz dręczony, dopóki nie przebaczysz z serca. Jezus opowiedział tę historię w jednym celu. Żaby nauczyć nas, jak przebaczać z serca.

Musimy dojść do miejsca, gdzie przebaczymy z serca. A tak naprawdę wola to nie jest twoje serce. Wola należy do ciebie. Twoje serce to ty. Wiemy o tym, ponieważ człowiek może kontrolować swoją wolę. Możesz postanowić swoją wolą, że coś zrobisz albo czegoś nie będziesz robić. Wielu ludzi, którzy podjęli decyzję o przebaczeniu, ale nie zrobili tego z serca, ciągle żyje w udręce, myśląc, że sytuacja ta nie może wynikać z braku przebaczenia, bo przecież przebaczyli. Podjąłem decyzję, dlatego przebaczenie mam za sobą. Moje problemy życiowe nie mogą mieć nic wspólnego z brakiem przebaczenia, ponieważ przebaczyłem, tak jak zostałem nauczony. A w rzeczywistości brak przebaczenia jest nadal problemem takiej osoby. Nie może mu jednak stawić czoła, bo wierzy, że ta sprawa została już w jej życiu załatwiona.

Wróćmy zatem do historii, przez którą Pan przeprowadził mnie werset po wersecie, by pomóc mi przebaczyć mojemu ojcu. Jezus powiedział:

„Dlatego Królestwo Niebios podobne jest do pewnego króla, który chciał zrobić obrachunek ze sługami swymi".

Gdy przeczytałem ten wiersz, Pan przemówił do mnie bardzo wyraźnie i jasno: Gdy to czytasz, postaw się w miejscu króla. Król musiał komuś przebaczyć, dlatego by zrozumieć, jak to działa w naszej sytuacji, musimy postawić się w sytuacji króla.

Gdy postawiłem się w miejscu króla, mój ojciec stał się sługą, który ukradł mi dużo pieniędzy. Ten król z nieznanych powodów postanowił rozliczyć się i zrobić obrachunek w całym królestwie. Chciał naprawić wszystko, co było niewłaściwe. Chciał odkryć wszystkie ukryte sprawy i wyprostować je. Pragnął, żeby w jego królestwie panowała sprawiedliwość.

Czytając to, możesz się postawić w miejscu króla. Możesz

powiedzieć: Panie, chcę zrobić obrachunek z wszystkich rzeczy w moim życiu. Jeśli czegoś nie przebaczyłem, pokaż mi to. Jeśli oszukiwałem siebie albo czegoś nie dostrzegałem, Panie, odsłoń to przede mną, abyśmy mogli stawić temu czoła. Panie, chcę, żeby rachunki mojego królestwa zostały uporządkowane.

Historia toczy się dalej: „A gdy zaczął robić obrachunek, przyprowadzono mu jednego dłużnika, który był mu winien dziesięć tysięcy talentów". We współczesnej walucie jest to mniej więcej odpowiednik około stu milionów dolarów. Ten sługa był z pewnością zaufanym człowiekiem, kimś o wysokiej pozycji w królestwie.

Najgorsze grzechy, te, które najbardziej nas ranią, pochodzą zwykle od ludzi nam najbliższych, którym ufamy. Ogólnie rzecz biorąc, jeśli komuś nie ufamy, to, co nam zrobią tylko potwierdzi nasze oczekiwania, ale jeśli komuś ufasz, to wywołuje to bolesną ranę. Człowiek ten miał miejsce bliskie sercu króla. Był człowiekiem zaufanym, a okazało się, że kradł pieniądze swojego pana.Dlatego właśnie gdy ktoś zgrzeszy przeciwko tobie, jest to bolesne. Gdy ludzie grzeszą przeciw tobie, zabierają coś z twojego życia. Jesteś okradany.

Nie trzeba być długo w służbie, żeby przekonać się, że niektórzy ludzie zostali skrzywdzeni w potworny sposób. Zniszczenie w życiu człowieka dokonane przez innych ludzi jest ogromne. Gdy ktoś grzeszy przeciw tobie, to okrada cię z czegoś.

Denise i ja usługiwaliśmy kiedyś w stanie Minnesota pewnej kobiecie, która miała osiemdziesiąt trzy lata. W wieku trzech lat została zgwałcona. Ona sama nie sądziła, że to wydarzenie miało związek z rzeczami, o których chciała z nami porozmawiać. Jej problem polegał na tym, że była już mężatką pięć razy i za każdym razem mężowie się z nią rozwodzili. Miała złamane serce przez mężczyzn, których kochała, a którzy ją odrzucili. Wszyscy mówili to samo, że nie potrafi okazać czułości jako żona i odrzucali ją. Gdy wysłuchaliśmy jej historii, dowiedzieliśmy się, że w wieku trzech lat została zgwałcona. Ona sama nie dostrzegała tego, co dla nas stało się jasne. Jej małżeńskie problemy były skutkiem wykorzystania w dzieciństwie.

To, co wydarzyło się, gdy miała trzy lata, zniszczyło coś z jej kobiecości. Odebrało jej zdolność okazywania miłości i cieszenia się intymną relacją. Została tego pozbawiona. Później uświadomiłem sobie, że okradziono ją nie tylko z kobiecości, ale jeszcze innych rzeczy. Okradziono ją z doświadczenia szczęśliwego małżeństwa i posiadania dzieci. Okradziono ją z szansy stania się babcią. Okradziono ją ze wszystkiego, co przynosi stabilne małżeństwo. Jako osiemdziesięciotrzyletnia kobieta nie miała żadnej z tych rzeczy. Okradziono ją, gdy miała trzy lata.

Objąłem ją i prosiłem Ojca, żeby przyszedł i wylał swoją miłość na tę część serca, która ciągle miała trzy lata i uzdrowił tę ranę. Tego dnia wydarzył się cud. Starsza kobieta zaczęła nagle chichotać jak trzyletnia dziewczynka. Chichotała bez opamiętania. A potem przestała, popatrzyła na nas z poważnym wyrazem twarzy i powiedziała: Dlaczego Bóg tak długo mnie nie uzdrawiał? Nie miałem odpowiedzi na to pytanie. Mogłem jej tylko odpowiedzieć: Chyba lepiej późno niż wcale. Usłyszawszy to, zaczęła znowu się śmiać. Tak, lepiej późno niż wcale! Naprawdę cieszyłem się słysząc te słowa. Została uzdrowiona.

Gdy ludzie grzeszą przeciw nam, zawsze nas z czegoś okradają.

Jeśli nie wiemy, co nam ukradziono, nie możemy anulować długu.

Wielu ludzi szybko i powierzchownie wyraża żal, gdy zrobią coś złego. „Przepraszam cię, bracie. Przebacz". Wiemy, że jako chrześcijanie powinniśmy przeprosić! A chrześcijańska odpowiedź brzmi: Przebaczam ci. Myślimy, że sprawa jest zakończona. Ale tak naprawdę w większości przypadków, relacje nigdy nie zostają naprawione. Nie następuje uzdrowienie relacji, ale z powodu wypowiedzianych słów przebaczenia, nie wiemy, że dzieje się coś złego. W ciele Chrystusa mamy z tego powodu wiele powierzchownych relacji. Rany serca nigdy nie zostały uzdrowione. Jeśli nie wiemy, co nam zostało ukradzione, nie możemy anulować długu.

W tej historii skradziono dziesięć tysięcy talentów. Król, chcąc przebaczyć, musiał anulować dług wysokości stu tysięcy dolarów. To dużo pieniędzy.

Przebaczenie z serca będzie kosztować

Pozwólcie, że posłużę się ilustracją. Wyobraźmy sobie, że pewnego dnia przechodzę obok twojego domu, postanawiam wpaść i pożyczyć dwadzieścia dolarów. Okazuje się, że w domu nikogo nie ma, ale drzwi są otwarte, a na stole leży portfel. Zaglądam do środka i stwierdzam: Gdyby ktoś był w domu, na pewno by mi pożyczył pieniądze. To mój przyjaciel. W takim razie sam wezmę. Biorę dwadzieścia dolarów i wydaję je.

Ty wracasz do domu i od razu zauważasz, że w portfelu brakuje dwudziestu dolarów. Ktoś mi ukradł pieniądze, myślisz. Nie powinienem był zostawiać otwartych drzwi. Następnego dnia Duch Święty przekonuje mnie, że zrobiłem źle, uświadamiam sobie, że zgrzeszyłem. To nie była pożyczka, ale kradzież.

Przychodzę do ciebie i mówię: Bracie, przepraszam, ale wczoraj gdy ciebie nie było w domu, wziąłem dwadzieścia dolarów z twojego portfela i wydałem. Nie mam tych pieniędzy. Przebaczysz mi?

Teraz masz wybór, ale będzie on naznaczony emocjonalnie, ponieważ prawdopodobnie jesteś emocjonalnie związany w dwudziestoma dolarami. Jeśli chcesz przebaczyć, musisz pożegnać się z dwudziestoma dolarami. Jeśli mi nie przebaczysz, będę musiał je oddać. Brak przebaczenia wymaga od grzesznika pełnej spłaty. Przebaczenie to umorzenie długu. Przebaczenie jest dla nas trudne, ponieważ to niewinny płaci za winnego. Zawsze tak było. Widzimy Jezusa. Jego przebaczenie grzesznikom kosztowało Go życie! Przebaczenie i miłosierdzie tak naprawdę idą wbrew sprawiedliwości. Przebaczenie mi będzie cię kosztowało dwadzieścia dolarów.

Wspaniałe w przebaczeniu jest to, że gdy komuś odpuszczamy, to stajemy się bardziej podobni do Jezusa. Gdy anulujemy dług, gdy płacimy za grzech drugiego człowieka, to nas do siebie zbliża i zmienia na podobieństwo Chrystusa.

Może więc pomyślisz: Co znaczy dwadzieścia dolarów wobec mojej przyjaźni z Jamesem? On nie jest taki zły. Popełnił błąd. Dobrze, umarzam dług. Mówisz: Dobrze, przebaczam ci. Ja odchodzę, jestem wolny i nie muszę spłacać długu.

A teraz pozwólcie, że nieco zmienię historię. Gdy wchodzę do twojego domu, otwieram portfel, żeby wyjąć dwadzieścia dolarów, zauważam kartę Visa. Co więcej, okazuje się, że przypadkowo w portfelu znajduje się też numer PIN. Biorę kartę i banknot dwudziestodolarowy. Idę do banku i wyciągam tysiąc dolarów z twojego konta, a potem zwracam kartę. Zabieram też dwadzieścia dolarów i wszystkie pieniądze wydaję. Tysiąc dwadzieścia dolarów.

Następnego dnia mam wyrzuty sumienia. Jednak gdy ty wracasz do domu, karta Visa jest na swoim miejscu w portfelu, brakuje ci tylko dwudziestu dolarów. Dowiesz się, że brakuje ci tysiąca dolarów dopiero, gdy przyjdzie wykaz z banku.

Następnego dnia Duch Święty przekonuje mnie o grzechu. Przychodzę do ciebie i mówię: Bracie, bardzo cię przepraszam, ale wczoraj ukradłem ci pieniądze. Przebaczysz mi? Zauważcie, że nie podaję szczegółów. Nie mówię, że wziąłem twoją kartę Visa. Ty myślisz, że ukradłem tylko dwadzieścia dolarów. W rzeczywistości ukradłem tysiąc dwadzieścia dolarów i proszę cię o przebaczenie wszystkiego, co wziąłem. Dlatego gdy mówię: Bracie, ukradłem ci pieniądze. Przebaczysz mi? Ty odpowiadasz: Jakie znaczenie ma dwadzieścia dolarów? Dobrze, James, przebaczam ci.

Pozwólcie, że zadam pytanie. Czy otrzymałem przebaczenie? Nie! Nie otrzymałem przebaczenia.

Nie możesz mi przebaczyć, jeśli nie wiesz, ile ci zabrałem! Przebaczyłeś mi dwadzieścia dolarów, ale gdy dotrze do ciebie wykaz z banku i zobaczysz, że brakuje ci tysiąca dolarów, będziesz musiał jeszcze raz wszystko przemyśleć. I będzie to emocjonalnie trudniejsze w przypadku tysiąca dolarów niż dwudziestu. Taki brak bardzo poważnie dotknie twojego życia. Może odkładałeś te pieniądze na urlop albo na coś dla ciebie ważnego. Tysiąc dolarów to niemało. I dlatego w twoim sercu kwestia przebaczenia staje się większa.

Wielu z nas podjęło się przebaczenia drugiej osobie, mimo że nie przyjrzeliśmy się dokładnie temu, co tak naprawdę zostało nam skradzione.

Odkryłem to, gdy Pan zaczął przeprowadzać mnie przez proces

przebaczenia mojemu ojcu. Stojąc z przodu kościoła obok starszego, powiedziałem: Przebaczam mojemu ojcu w imieniu Jezusa. Bardzo wiele bólu ujawniło się, gdy próbowałem wypowiedzieć te słowa. Ale teraz czytałem wersety z Mateusza i Pan pokazywał mi, ile kosztowała mnie niezdolność mojego ojca do prawdziwego ojcostwa.

Zacząłem rozumieć, że w środku kłótni mój ojciec mógł mi powiedzieć: Synu, nie chcę się z tobą kłócić. Kocham cię. Jesteś dobrym chłopcem. Masz bystry umysł. Lubię cię. Jesteś moim synem. Takie słowa miałyby wielkie znaczenie. Ale on dręczył mnie i dręczył, dopóki nie wpadałem w złość.

Czasem patrzę na zdjęcia rodzinne z czasów, gdy byłem nastolatkiem. Na każdej bez wyjątku fotografii mam twarz odwróconą od ojca. Gdy patrzę na swoją twarz na starych zdjęciach, mam ochotę płakać. Byłem biednym, złamanym dzieckiem. Gdyby tylko mój ojciec, przechodząc obok, położył rękę na moim ramieniu, w moim życiu zaszłaby wielka zmiana. Gdyby mi powiedział, że mnie kocha. Gdyby posadził mnie i zapytał: Synu, jak ci minął dzień? Mój ojciec nie był złym ojcem, ale bardzo zniszczyła go druga wojna światowa. Gdyby był lepszym ojcem, miałbym lżejsze życie. Mój ojciec nigdy nie stosował fizycznej przemocy, ale posługiwał się ostrymi i okrutnymi słowami. Zacząłem rozumieć cenę, jaką musiałem płacić za to, że mój ojciec był właśnie taki. I wtedy ogarnął mnie wielki gniew.

Mój ojciec nie mógł zapłacić

Gdy Bóg przeprowadzał mnie przez proces liczenia kosztów, czasem miałem ochotę wsiąść w samolot i wrócić do domu. Czasem czułem taką złość, że miałem ochotę uderzyć go w twarz. Byłem zaszokowany, jak dużo gniewu kryje się w moim sercu. Czułem się złamany. Zacząłem pojmować, jaką płacę cenę za to, że mój ojciec nie umiał być odpowiednim rodzicem.

W dalszej części historii, w Ewangelii Mateusza 18,25 czytamy: „A ponieważ [człowiek, który ukradł dziesięć tysięcy talentów] nie miał z czego oddać, kazał go pan sprzedać wraz z żoną i dziećmi, i wszystkim, co miał, aby dług został spłacony". Chciałem, żeby mój ojciec został ukarany. Brak przebaczenia domaga się, żeby winny zapłacił za to, co zrobił. Ale z tego wersetu krzyczały do mnie słowa: „A ponieważ nie miał z czego oddać". Ten człowiek ukradł dużą sumę pieniędzy, wszystkie przepadły. Nie był w stanie ich oddać.

Mijały tygodnie, a do mnie powracały słowa „ponieważ nie miał z czego oddać". Pan zaczął mi przypominać rzeczy, które słyszałem o ojcu od ludzi, z którymi był na wojnie, od wujków i ciotek. Zacząłem widzieć jego życie w inny sposób. Pamiętam, jak moje ciotki (jego siostry) mówiły o nim z drwiną w głosie. Mój ojciec musiał opuścić dom, gdy miał szesnaście lat. Został wysłany do odległego miasta. Mógł przyjeżdżać do domu jedynie raz do roku. Mieszkał ze starszą panią w domu w pobliżu miejsca pracy. Wykonywał pracę, której nienawidził, a w domu nie czekało na niego nic miłego. Gdy przyjeżdżał raz do roku do rodzinnego domu jego matka witała go uściskiem dłoni. Tydzień później żegnała go uściskiem dłoni. Wiele lat później powiedział mi, że jedyną osobą, która kiedykolwiek powiedziała mu: „Kocham cię", była moja matka.

Gdy miał siedemnaście lat, wybuchła druga wojna światowa. Natychmiast zgłosił się do Armii Terytorialnej. Został wyszkolony i wysłany na wyspy na Pacyfiku. Potem znalazł się w Egipcie i wraz z siłami zjednoczonymi walczył we Włoszech, gdzie pozostał do końca wojny. Pewnego razu opowiedział, że widział, jak od pocisku czołgowego ginie jego najbliższy przyjaciel. Pamiętam, że powiedział: „Nie znaleźliśmy nawet kawałka jego ubrania". Był obserwatorem ciężkiej artylerii, lokalizującym pozycje wroga i podającym pozycje do ostrzału artyleryjskiego, kierującym ogień na cel. Zwykle nie widzieli tego, w co strzelano, poza jednym razem, gdy przeszli przez wioskę, która została zniszczona. Widział rozszarpane ciała kobiet i dzieci leżące na ulicach. To nie byli mężczyźni ani żołnierze wroga – tylko kobiety i dzieci! Mój ojciec miał wtedy dziewiętnaście lat i był tą osobą, która skierowała ostrzał artyleryjski na wioskę.

Często patrzę wstecz i myślę, że gdybym był wtedy Bogiem i widział serce mojego ojca, gdy przechodził przez tę wioskę, co bym o nim myślał? Myślę, że czułbym gniew z powodu tego, co się stało i smutek z jego powodu, z powodu tego, co zrobiły jego ręce. Mój ojciec wrócił z wojny z potrzebą miłości. Ożenił się bardzo szybko z moją matką i w ciągu kilku lat mieli już troje dzieci. Wtedy zaczął bardzo dużo pić, ponieważ nie mógł sobie poradzić z emocjami i dręczącymi go wspomnieniami. Mój ojciec spierał się z całym światem z powodu niesprawiedliwości w jego życiu. Głębokie wewnętrzne niezadowolenie sprawiło, że stał się niezwykle kłótliwy. Miał troje dzieci, które potrzebowały miłości ojca. Ale on nie miał z czego jej dać!

Czytając słowa „ponieważ nie miał z czego oddać", zrozumiałem, że mój ojciec nie był zdolny do kochania. Nie miał w sobie miłości, którą mógłby komuś przekazać. Nie mógł mi oddać tego, co mi był winien.

Nie możesz dać tego, czego nie posiadasz

Nie możesz dać tego, czego nie otrzymałeś – a czasem nam się wydaje, że wszystko jest takie proste. „Dlaczego on tego nie robi? To takie proste". Ale jeśli czegoś nie otrzymałeś, to nie jest takie proste. Mój ojciec nigdy nie słyszał, żeby ktoś mu powiedział: „Kocham cię". Ojciec nigdy nie położył mu ręki na ramieniu i nie powiedział: Jestem z ciebie dumny, synu. W sercu cały czas kłócił się ze światem. Nie miał z czego oddać. Zacząłem patrzeć na ojca jak na drugiego człowieka, który cierpiał, który był niedoskonały i który tak jak ja, nie potrafił sobie poradzić z tym, co przyniosło mu życie.

„Tedy pan ulitował się nad owym sługą, uwolnił go i dług mu darował".

Pan ulitował się. Gdy zobaczyłem, że mój ojciec po prostu nie miał z czego mi oddać, po raz pierwszy poczułem współczucie. Nigdy nie patrzyłem na to z takiej perspektywy. Myślę, że gdybym patrzył z Bożej perspektywy i zobaczył wszystko, co wydarzyło się w życiu mojego ojca, miałbym do niego zupełnie inne nastawienie.

Prawdziwy złodziej

Mamy wroga naszej duszy. Ten wróg przychodzi, żeby kraść, zabijać i niszczyć. Ale on nie przychodzi ukraść ci samochód. Nie niszczy twojego telewizora. Przychodzi niszczyć twoją osobowość. Przychodzi zabić w tobie to, co dobre, pobożne, miłe, przyjemne i łagodne. Przychodzi niszczyć wszystko, co ma w sobie jakąś cząstkę Boga.

Jako chrześcijanie mamy tarczę wiary, żeby odpierać ogniste pociski nieprzyjaciela. Zrozumiałem, że mój ojciec nigdy nie miał tarczy i dlatego wszystkie ogniste pociski nieprzyjaciela trafiły w niego. Szatan nie ma żadnych skrupułów. Nic go nie powstrzymuje, nic nie ogranicza niegodziwości, jaką wyrządza człowiekowi. Uczyni najgorsze rzeczy najbardziej czystemu i niewinnemu dziecku. Atakował mojego ojca od chwili jego urodzenia, a nawet przed urodzeniem. On atakował wszystkich, którzy skrzywdzili i ciebie. Atakował i niszczył twojego ojca i matkę w sposób, jakiego nie zrozumiesz. Okradał ich z potencjału, żeby stali się ludźmi, jakimi chcieli być, tym samym uniemożliwiając im stanie się rodzicami, jakich potrzebowałeś.

Zacząłem rozumieć pewne rzeczy w życiu mojego ojca i dostrzegłem, że jest człowiekiem tak jak ja. Zmagającym się z problemami, próbującym postępować jak najlepiej. Brakowało mu jednak możliwości. Po raz pierwszy w życiu współczułem mu. Po raz pierwszy w życiu pomodliłem się za mojego ojca. Pomodliłem się mniej więcej tak:

Panie, chcę, żeby mój ojciec był błogosławiony. Chcę, żeby był szczęśliwy. Nie chcę, żeby niósł poczucie winy. Nie chcę, żeby brakowało mu miłości innych. Chcę, żeby był kochany. Chcę, żeby doświadczył przebaczenia tych rzeczy, które obciążają jego sumienie i wszystkiego, co dręczy go od czasów wojny. Nie chcę, żeby niósł tę winę. Wszystko, co sprawiło, że pił, żeby znieczulić swoje serce. Panie, proszę Cię, przebacz mu to wszystko, żeby mógł to z siebie zdjąć, zostawić i być wolny. Panie, proszę Cię, przebacz mu jego grzechy. Czy możesz mu przebaczyć? Nie chcę nawet, żeby czuł się winny z powodu tego, jakim złym był dla mnie ojcem, bo to tylko pogłębiało problemy w jego życiu. Chcę, żeby został uwolniony z poczucia porażki jako mężczyzna, ojciec i mąż. Chcę, żeby stał się wolny! Panie, chcę, żeby był błogosławiony. Panie, przebaczam mu z całego serca. Czy Ty mu przebaczysz?

Gdy wypowiedziałem tę modlitwę, uświadomiłem sobie, że szczerze pragnę dla niego przebaczenia ze względu na niego samego. Nosił w sobie tak wiele rzeczy, a ja chciałem, żeby stał się wolny.

Mogę was zapewnić, że jest to rodzaj przebaczenia, którego będziecie kochali udzielać. Gdy powiedziałem: „Panie, przebaczam mu z całego serca", stała się śmieszna rzecz, której się nie spodziewałem.

Nagle poczułem niesamowitą pustkę. W głębi serca czułem się samotny i bezbronny. Czułem się jak małe dziecko bez ochrony. Jeśli nie przebaczysz z serca, trzymasz się osoby, która jest ci coś winna. Gdy ją wypuścisz, stajesz się pusty.

Przebaczyłem mojemu ojcu i anulowałem dług. Uwolniłem go z wszystkich zobowiązań jako ojca, którym nie potrafił być. Przestałem spodziewać się po nim rzeczy, które jedynie nakładały kolejne ciężary na jego barki. Uwolniłem go od oczekiwania, że pewnego dnia wszystko mi zrekompensuje. Nagle poczułem się całkowicie pusty i zupełnie sam. Czułem się jak mały chłopiec bez żadnej ochrony.

W chwili, gdy uderzyło mnie to uczucie, nagle ujrzałem dziwną wizję. W wizji tej byłem nauczycielem w klasie liczącej około trzydziestu uczniów. Krzyczałem do tych dwunastolatków: „Kto będzie dla mnie ojcem?" Dzieciaki patrzyły na mnie zmieszane. To były dzieci. Jak mogły stać się moim rodzicem? Ale ja krzyczałem i krzyczałem: „Kto będzie moim ojcem?" Dzieci nie wiedziały, co powiedzieć. A potem zauważyłem podnoszącą się rękę z tyłu klasy. Spojrzałem ponad głowami uczniów, a tam na podłodze pod ścianą siedział nasz niebiański Ojciec. Powiedział: „James, ja będę twoim ojcem".

Przebaczenie z serca następuje wtedy, gdy twoje serce uwalnia drugą osobę. Uwalnia ją i pozwala jej odejść. Gdy twoje serce jest z kimś związane brakiem przebaczenia, nie ma wolności, by połączyć się z niebiańskim Ojcem. Bóg chce poznać nas z serca do serca jak ojciec. Gdy uwalniamy matkę albo ojca z serca, zyskujemy wolność, żeby połączyć się z niebiańskim Ojcem, który mówi: „Ja przyjmę was i będę wam Ojcem, a wy będziecie mi synami i córkami" (2Kor 6,17-18). Masz niebiańskiego Ojca, który chce cię poznać głęboko i intymnie. Najwyższy czas, żebyś przebaczył innym i ich uwolnił.

ROZDZIAŁ 4

Synowskie serce

~

Teraz chciałbym dokończyć opowiadanie tego, co stało się tego ranka w kaplicy. To wydarzenie miało ogromne znaczenie w doprowadzeniu mnie do doświadczenia miłości Ojca.

Gdy Pan zadał to zaskakujące pytanie: „James, czyim jesteś synem?", było w tym przekazie coś niesamowitego. Wiedziałem, że Bóg pyta: „Dla kogo jesteś synem, w tym samym sensie jak Jezus był moim?" Z pytaniem tym wiązało się tak wiele różnych kwestii, że długo stałem i próbowałem znaleźć właściwą odpowiedź. Byłem oszołomiony pytaniem Pana, próbowałem na nie odpowiedzieć. Jednocześnie w myślach rozważałem dwie sprawy. Miałem wrażenie, jakby w mojej głowie dwa dyski kręciły się szaleńczo w przeciwnych kierunkach. Próbowałem znaleźć jedną odpowiedź na dwie sprawy. Co powiem? Był to bardzo intensywny moment. Wiedziałem, że Pan widzi i obserwuje wewnętrzne drgnienia mojego serca, umysłu i uczuć. Bóg prześwietlał mnie i sprawdzał moją reakcję na swoje pytanie.

Pierwszą rzeczą, jaka mi przyszła do głowy w odpowiedzi na pytanie: James, czyim jesteś synem?, było podanie imienia. Pierwsze imię, jakie mi przyszło do głowy, było imieniem mojego ojca. Myślałem, że mogę powiedzieć Panu: Jestem synem Bruce'a Jordana. Ale gdy ta myśl przyszła mi do głowy, zrozumiałem, że nie mogę tak odpowiedzieć Panu, ponieważ dawno temu przestałem być synem swojego ojca. Oczywiście nadal byłem jego biologicznym synem, ale nie byłem takim synem, jakim Jezus był dla swojego Ojca. Dlatego musiałem usunąć tę myśl i szybko znaleźć inną odpowiedź.

Następną osobą, która przyszła mi do głowy był starszy z kościoła, w którym się nawróciłem. Był wyjątkowym człowiekiem. Nazywał się Ken Wright. Od wielu lat chodził w Duchu. On też mnie ochrzcił. Pamiętam, jak pewnego razu oglądałem jego plan dwuletniej podróży misyjnej dookoła świata. W żadnym miejscu nie planował pozostawać dłużej niż cztery dni. Przez dwa lata odwiedził ponad sto różnych krajów. Gdy przemawiał, spijaliśmy słowa z jego ust, a Duch, który był w nim, spływał na nas. Robił na nas wielkie wrażenie, a miał dla nas ojcowskie serce.

Tak więc gdy Pan zadał mi pytanie: „James, czyim jesteś synem?", nagle przyszło mi do głowy, że mogę powiedzieć: Jestem synem Kena Wrighta. Ale gdy tak pomyślałem, od razu zorientowałem się, że nie mogę tego powiedzieć, ponieważ (choć przyjąłem od Kena wszystko, co tylko mogłem) z całą pewnością nie miałem dla niego synowskiego serca. Jezus powiedział do swojego Ojca: „Pragnę czynić Twoją wolę", a ja nigdy nie miałem pragnienia sprawiania przyjemności Kenowi. Przyjąłem jedynie z tego, co dawał wszystkie te rzeczy, które mi się podobały. Zrozumiałem, że nie mogę tak odpowiedzieć Panu. Co innego mógłbym powiedzieć? Nie mogę powiedzieć Bruce Jordan. Nie mogę powiedzieć Ken Wright, a więc czyim jestem synem?

Jedynym innym człowiekiem, jaki mi przyszedł na myśl, był Neville Winger. Nazywaliśmy go wujek Nev. Wujek Nev był właścicielem dobrze prosperującej firmy sprzedającej samochody w Nowej Zelandii. W pewnym momencie sprzedał ją i kupił farmę na jednej z wysp u wybrzeża Nowej Zelandii. Była to stara, zaniedbana farma, położona na ośmiuset akrach górzystego terenu z pięknym choć urwistym wybrzeżem. Przeprowadził się tam z żoną Dot i przez wiele lat do swojego domu przyjmowali trudne dzieci ulicy. Nev i Dot mieli serce dla młodych ludzi i próbowali z nimi pracować. Nev chciał znaleźć miejsce, dokąd będzie mógł zawieźć dzieciaki z ulicy i opiekować się nimi. Chciał też stworzyć centrum konferencyjne i przebudzeniowe dla Nowej Zelandii. Taka wizja przyświecała zakupowi ziemi.

Nev był niezwykłym człowiekiem, prawdziwym duchowym ojcem narodu. Gdy głosił, utożsamiałem się z nim i czułem, że chciałbym uczęszczać do szkoły biblijnej, którą założył i to zrobiłem. Nev, podobnie jak Ken, miał dla nas ojcowskie serce. Prorokował nad nami i po wielu latach dużo z tych rzeczy się wypełnia.

Pomyślałem więc, że powiem Panu: Jestem synem Neva, ale znów, ponieważ znajdowałem się w świetle Bożego jupitera, zrozumiałem, że nie mogę tak powiedzieć. Tak naprawdę w głębi serca nie byłem jego synem. Tylko brałem, niczego nie dawałem. Prawdziwy syn, taki jak Jezus, zawsze dba o sprawy swojego ojca. Ja nigdy nie przejmowałem się sprawami mojego ojca, sprawami Kena Wrighta czy Neva Wingera. Nigdy nawet nie myślałem o tym, żeby być dla nich błogosławieństwem albo pomagać im. Miałem sieroce serce. Zmagałem się i trudziłem, bo musiałbym powiedzieć po prostu: „Panie, nie jestem niczyim synem". Nie chcę być niczyim synem. Nie potrafiłem się przyznać, bo działo się we mnie jeszcze coś innego. Gdy zamknąłem serce dla ojca, straciłem zupełnie serce syna.

Duch synostwa

Co to jest synowskie serce? Żeby to zrozumieć, zajrzyjmy do Listu do Galacjan 4,4-5, gdzie jest napisane:

„Lecz gdy nadeszło wypełnienie czasu, zesłał Bóg Syna swego, który się narodził z niewiasty i podlegał zakonowi, aby wykupił tych, którzy byli pod zakonem, abyśmy usynowienia dostąpili".

Gdy rodzimy się na nowo, przez adopcję stajemy się Bożymi synami i córkami. Bóg jednak idzie dalej niż adopcja. Adopcja to pierwszy krok. Paweł kontynuuje:

„A ponieważ jesteście synami, przeto Bóg zesłał Ducha Syna swego do serc waszych, wołającego: Abba, Ojcze!" (Ga 4,6).

Ponieważ prawnie jesteś Bożym synem, On wylewa na ciebie Ducha swojego Syna. Umieszcza tego Ducha w naszych sercach, Ducha, który woła: Abba, Ojcze! Adoptowane dziecko nie woła: Abba, Ojcze! To Duch Syna w nas woła: Abba, Ojcze!

Duch jego Syna został wlany do naszych serc. Gdy zamknąłem swoje serce dla swojego ojca, straciłem serce syna. Dlatego gdy Duch Święty został we mnie wlany, nie było we mnie odpowiedniego synowskiego serca. Ponieważ jako syn zamknąłem serce, Duch Święty nie mógł we mnie wzbudzić synostwa. To ważny punkt, który Pan pokazał mi, gdy zadał mi pytanie. Szukał serca, które będzie otwarte na synostwo.

Jezus doświadczył tego, gdy Duch Święty zstąpił na niego przy chrzcie. Gdy Bóg obwieścił: To jest mój syn umiłowany, w którym mam upodobanie, Duch synostwa zstąpił na Jezusa. W tej chwili Jezus został ogłoszony Synem Bożym! Wcześniej był Jezusem z Nazaretu, synem Józefa i Marii, ale w tym momencie został uznany za Syna Bożego. Ten Duch Święty, który zstąpił na Jezusa, to ten sam Duch, który rodzi w nas synostwo.

Wielu chrześcijan poznało Ducha Świętego jako Ducha adopcji, ale musi jeszcze doświadczyć Go jako Ducha synostwa. A zatem możemy być wypełnieni Duchem Świętym i nie mieć w ogóle synostwa. Gdy Duch Święty jest wlewany do serca osoby, która nie ma synowskiego serca dla swoich rodziców, to Duch Święty nie może działać w niej jako Duch syna. Duch Boży musi odnaleźć w twoim wnętrzu zgodną z tym jakość, żeby ta prawda mogła stać się rzeczywistością twojego życia.

Gdy zamknąłem serce dla mojego ojca, straciłem serce syna. Gdy zamknąłem serce dla mojego ojca, nie miałem serca syna dla kogokolwiek... łącznie z Bogiem.

Relacja z Ojcem

To był mój wielki problem. W moim życiu pojawiało się wielu ludzi, którzy mieli dla mnie ojcowskie serce, ale ja nie potrafiłem tego docenić. Nie rozumiałem, że jeśli nie ma się serca syna dla biologicznej matki i ojca, to w ogóle nie ma się synowskiego serca. Wtedy nie można związać się z żadnym ojcem, łącznie z Bogiem Ojcem! Tak samo jak uznanie Jezusa za swojego Pana jest warunkiem wstępnym nawiązania z Nim relacji, tak posiadanie synowskiego serca ma kluczowe znaczenie w relacji z Bogiem Ojcem.

Jeśli chcesz poznać Boga Ojca, możesz Go poznać tylko w jeden sposób. Nie będzie miał z tobą relacji inaczej jak Ojciec. Wielu z nas zostało w pewnej chwili swojego życia ojcami, ale Bóg nigdy nie stał się Ojcem. On zawsze był Ojcem i zawsze będzie Ojcem. On stworzył wszechświat, ale z natury nie jest stwórcą. On stwarza, ale nie jest stwórcą z natury. Jeśli twój ojciec jest na przykład inżynierem, nie masz z nim relacji w oparciu o jego zawód, masz z nim relację na podstawie jego tożsamości. Bóg stworzył wszechświat, ale nie ma z tobą relacji jako Stwórca. On odnosi się do ciebie jako Ojciec, bo właśnie nim jest. Ojcostwo to kwintesencja Jego istoty. Jezus przyszedł objawić nam, że Jahwe jest Tatusiem, że Jahwe jest Ojcem.

Sądzę, że prawdopodobnie ponad dziewięćdziesiąt procent z nas w świecie zachodnim zamknęło serca dla rodziców. Mówimy o tym wyszukanym językiem, ale rzeczywistość bliskiej więzi jest wielu ludziom obca.

Dlatego gdy byłem wtedy w kaplicy, a Pan zapytał mnie: „James, czyim jesteś synem?", tak naprawdę chodziło Mu o stan mojego serca. Powinienem był odpowiedzieć: „Panie, nie jestem niczyim synem", ale nie potrafiłem. Powiem wam dlaczego.

Wszyscy mężowie Boży są czyimiś synami

Od kiedy stałem się chrześcijaninem, zawsze chciałem być mężem Bożym, jak inni namaszczeni kaznodzieje. Ciągle modliłem się: „Panie, uczyń mnie mężem Bożym". Gdy tego dnia byłem w kaplicy, próbując znaleźć imię, które mógłbym podać Panu, w mojej głowie zachodził jednocześnie inny proces myślowy. Wiązał się z moim ulubionym wówczas tematem. Będąc w szkole biblijnej, zrealizowałem projekt dotyczący chronologii Starego Testamentu.

Gdy badałem znane postaci starotestamentowe, coś mnie ciągle irytowało. Prawie wszyscy bohaterowie byli opisywani jako „syn tego i tego". Jozue był synem Nuna, Kaleb był synem Jefunnego, Dawid był synem Jessego. Każda osoba, o której czytałem, była opisana jako czyjś syn.

To mnie denerwowało. Dlaczego nie Dawid – poeta, król wojownik? Dlaczego nie Izajasz – wielki prorok? Dlaczego nie Kaleb – mąż wiary? Byłem tak niezależny, że myślałem: Dlaczego nie stanęli na własnych nogach? Dlaczego nie pokazali, że są mężczyznami? Dlaczego musieli się opierać na tatusiu? Takie myśli ujawniły prawdziwy stan mojego serca w odniesieniu do mojego ojca.

Tego dnia w kaplicy odczułem, że Bóg mówi: James, słyszałem twoje prośby, żeby uczynić cię mężem Bożym. Chcesz być mężem Bożym? Tak? Przyjmij więc do wiadomości, że mężowie Boży zawsze są czyimiś synami. A zatem jeśli chcesz być mężem Bożym, to czyim jesteś synem?

Jezus był synem niedoskonałego człowieka

Wiedziałem, jakie szkody może wyrządzić ojciec. Czyż ludzie z Biblii nie wiedzieli, jakie krzywdy może wyrządzić ojciec? Trzeba być szalonym, żeby być czyimś synem! Wiedziałem, że Jezus jest Synem Bożym i byłem w stanie mu to wybaczyć, ponieważ jego Ojciec jest doskonały. Doskonały ojciec to nie problem, problem stanowi niedoskonały ojciec! I wtedy uświadomiłem sobie, że Jezus był znany jako Syn Dawida. Jego służba opiera się na władzy Dawida, a Dawid nie był doskonałym człowiekiem.

Wiele współczesnych kościołów wykluczyłoby Dawida z usługiwania i usunęło z każdej pozycji z powodu jego upadków.

Ale Jezus pozwala się nazywać synem niedoskonałego człowieka! To było dla mnie prawdziwe wyzwanie! Skoro Jezus może być synem niedoskonałego człowieka, to moje spojrzenie na tę sprawę musi być niewłaściwe. Nie chciałem być synem niedoskonałego człowieka, a Jezus nie miał nic przeciwko temu, żeby uznawano go za syna niedoskonałego człowieka. Nie mogłem zaprzeczyć rzeczywistości. Znalazłem się w pułapce!

Wtedy nie wiedziałem, że ten dzień zadecyduje o mojej przyszłości. W końcu musiałem uczciwie przyznać: „Panie, nie jestem niczyim synem. A co ważniejsze, nie chcę być. Boję się tego. Pomożesz mi?" Gdy zapytałem: „Pomożesz mi?", Jego obecność opuściła pomieszczenie i zostałem w kaplicy sam. Czułem, że Pan odszedł, żeby rozpocząć pracę nad moim problemem.

Odnalezienie synowskiego serca

Po tym spotkaniu Pan zaczął nade mną pracować, żeby przywrócić mi synowskie serce. Pierwszymi krokiem, jaki opisałem w poprzednim rozdziale, było przebaczenie mojemu ojcu z głębi serca. Moje serce zostało uwolnione, ale zacząłem się zastanawiać, jak odzyskać synowskie serce.

Nie potrafiłem znaleźć na to odpowiedzi. Zastanawiałem się i modliłem, ale nic się nie pojawiało. Jak odzyskać utracone synowskie serce? Jeśli coś zgubiłeś, to gdzie to odnajdziesz? Znajdziesz w miejscu, gdzie zgubiłeś! Tak? Jeśli wrócisz do miejsca, gdzie zgubiłeś daną rzecz, ona tam będzie. To proste.

Straciłem synowskie serce w relacji z moim tatą. Tam zamknąłem swoje serce. A więc odzyskanie synowskiego serca będzie miało związek z moim ojcem, choć nie wiedziałem jaki. Nie potrafiłem sobie wyobrazić, jak mógłbym odzyskać synowskie serce. Po pewnym czasie uświadomiłem sobie, że mogę zrobić jedno. Przebaczyłem ojcu wszystko, co zrobił, ale uświadomiłem też sobie, że ja sam nie traktowałem go dobrze. Zamknąłem dla niego serce. Mogłem okazać więcej łaski i przebaczenia. Mogłem okazać więcej wdzięczności i szacunku. Wyrzucenie go z serca było moją decyzją. I wtedy przyszło mi na myśl, że mógłbym napisać do niego list z prośbą o wybaczenie.

Gdy byłem dzieckiem, jednym z moich obowiązków było koszenie trawnika na tyłach domu. Nigdy nie odbywało się to bez poganiania przez ojca. Nigdy nie robiłem tego chętnie i nigdy nie robiłem tego dobrze. Próbowałem omijać rogi i inne części. Unikałem swoich obowiązków, wychodząc z domu zaraz po powrocie ze szkoły i wracając po zmierzchu, kiedy już nie można było kosić. Cieszyłem się, gdy padał deszcz i wykorzystywałem złą pogodę jako wymówkę. Jeśli nie padało, szedłem nad rzekę pływać albo łapać węgorze. W końcu ojciec wywierał na mnie presję, wypowiadał różne groźby, że pozbawi mnie możliwości zabawy i w końcu niechętnie, z ociąganiem kosiłem trawę. Ani razu nie zrobiłem tego chętnie. Pomyślałem, że mogę poprosić o przebaczenie tego i innych rzeczy.

Istniał jednak poważny problem. W naszym domu nikt nigdy nie przepraszał, ponieważ uznawano to za słabość. Nikt nie przepraszał i nikt nie mówił: „Kocham cię". Były to oznaki słabości. Bałem się prosić ojca o przebaczenie, bo mógł to wykorzystać jako argument przeciwko mnie w naszej następnej kłótni.

List

Postanowiłem napisać list na brudno, żeby zobaczyć, jak będzie brzmiał, ale nie miałem siły zrobić następnego kroku i wysłać go. W końcu udało mi się wyrazić w liście to, co chciałem. Poprosiłem ojca o przebaczenie, że nigdy nie skosiłem trawnika w taki sposób, jak on chciał. Poprosiłem o przebaczenie niewłaściwego nastawienia do niego. Poprosiłem o przebaczenie kłótni. Poprosiłem o przebaczenie rzeczy, które do niego mówiłem. Poprosiłem o przebaczenie, że nie wykonałem wielu prac, o które mnie prosił. Pod koniec listu napisałem: „Proszę o przebaczenie, że zamknąłem dla ciebie serce, gdy miałem dziesięć lat i że nie byłem dla ciebie synem". Potem odłożyłem list na półkę, na której leżał dwa tygodnie, aż wspomniałem o nim Jackowi Winterowi, który rzucił: „Lepiej go wyślij!" I odszedł.

Dopiero wtedy poczułem presję! Kupiłem kopertę i znaczek, napisałem adres, włożyłem list do koperty i odłożyłem go z powrotem na półkę, gdzie leżał miesiąc. Gdy go pisałem, wiedziałem, że znalazły się tam rzeczy, które chciałem powiedzieć, ale nie chciałem go ponownie czytać. Bałem się. Wiedziałem jednak, że muszę go wysłać. Wiedziałem, że pewnego dnia Jack zapyta mnie, czy wysłałem list, a chciałem odpowiedzieć, że tak. Zdecydowałem więc, że wezmę list na spacer. Pocieszałem się, że tak naprawdę go nie wyślę. Przespaceruję się tylko do najbliższej skrzynki pocztowej.

Niedaleko naszego mieszkania przy drodze znajdowała się czerwona skrzynka pocztowa. Podszedłem do niej, włożyłem list do szpary i myślałem: Jeśli go puszczę, ojciec go dostanie. Wyciągnąłem szybko list i odszedłem. Przeszedłem około trzydziestu metrów. Wiedziałem, że muszę go wysłać. Wróciłem, włożyłem list do szpary – i wrzuciłem! Poczułem jakby uderzenie w splot słoneczny. Całą powrotną drogę płakałem. Poszedłem od razu do sypialni i tam dalej płakałem. Bałem się reakcji mojego ojca, gdy dostanie ten list.

Potem wyjechaliśmy do północnej Minnesoty na pole kempingowe, które nabyła organizacja Jacka Wintera. Jechaliśmy do nowego centrum i powiedziałem do Denise: Gdy dojedziemy na miejsce, chciałbym być prawdziwym synem liderów tego miejsca. Nigdy wcześniej tak nie myślałem i słowa, które wyszły z moich ust, zaskoczyły mnie! Był to pierwszy znak zmiany! Jack Winter przyjechał tam i znów głosił na temat miłości Ojca. Wiele razy słyszałem jego usługę, ale nie rozumiałem. Klękałem obok niego, gdy modlił się za ludzi, żeby doświadczyli miłości Ojca. Widziałem, że płaczą, gdy ich zranienia były uzdrawiane. Odczuwałem namaszczenie, ale nie rozumiałem, co się dzieje.

Udzielenie miłości Ojca

Tym razem po wysłuchaniu zwiastowania Jacka na temat miłości Ojca, powiedziałem do niego: Jack, w końcu zrozumiałem, o czym mówisz. Pomodlisz się za mnie? On też chciał się za mnie modlić, dlatego się zgodził. Zabrał mnie do małego pokoiku z tyłu budynku. Usiadłem na jedynym krześle. Jack ukląkł przy mnie i spojrzał mi w oczy: Czy potrafisz stać się małym chłopcem, który potrzebuje miłości? – zapytał. Pomyślałem: Jestem dwudziestodziewięcioletnim mężczyzną. Nie jestem małym chłopcem! Ale gdy spojrzałem w oczy Jacka, zrozumiałem, że widzi mnie takim, jakim naprawdę jestem. Na zewnątrz byłem wysportowany, silny i zaradny, ale wewnątrz byłem małym chłopcem, który potrzebuje miłości, ponieważ nie zaznał nigdy miłości ojca.

Jeśli nigdy nie zaznałeś miłości ojca, to ciągle jej potrzebujesz. Dlatego powiedziałem: Nie wiem, Jack. Spróbuję. Poprosił, żebym objął go za szyję, jak mały chłopiec, który potrzebuje uścisku ojca. Nigdy w swoim życiu nie obejmowałem mężczyzny. Czułem się bardzo dziwnie. Miałem ochotę uciec z pokoju, ale Jack objął mnie i trzymał bardzo mocno. Dał mi jasno do zrozumienia, że nie ucieknę, dopóki on nie skończy! A potem pomodlił się prostą modlitwą: Ojcze, proszę cię przyjdź i spraw, by moje ramiona stały się twoimi ramionami. Od tej chwili nie obejmował mnie już Jack, obejmował mnie Bóg. Jack modlił się dalej: Proszę, wlej swoją miłość do jego serca, bo nigdy nie poznał takiego Ojca jak Ty. Po dwóch lub trzech minutach, Jack skończył, a ja wstałem.

Od tej chwili wszystko się zmieniło. Gdy zaczynałem się modlić, słowo Ojciec spontanicznie pojawiało się na moich ustach. Miałem wrażenie, jakby mój duch dotknął Ojca. W rzeczywistości to Ojciec dotknął mojego ducha.

Kilka miesięcy później poleciałem do Nowej Zelandii. Pojechaliśmy do mamy Denise w Taupo, gdzie dzisiaj mieszkamy. Zostaliśmy tam dwa tygodnie. Nie chciałem odwiedzać moich rodziców, bo bałem się reakcji ojca na mój list. Po dwóch tygodniach w końcu powiedziałem do Denise: Musimy tam pojechać. Jedźmy i miejmy to za sobą. Wsiedliśmy w samochód, spędziliśmy popołudnie z moimi rodzicami, a potem wróciliśmy do Taupo. Mój ojciec nawet nie wspomniał o liście.

Odwiedziliśmy ich ponownie kilka miesięcy później, ale wtedy też nie wspomniał o liście. Jeszcze jedna wizyta kilka miesięcy później i znów ojciec nic nie mówił. Minęło pięć lat. Miałem już trzydzieści pięć lat, a ojciec ani razu nie wspomniał o liście. Zacząłem się zastanawiać, czy w ogóle go otrzymał. Pewnego dnia zapytałem mamę: Gdy byliśmy kilka lat temu w Stanach, napisałem do taty list. Nie wiesz, czy do niego dotarł? Mama odpowiedziała: O tak! Dostał go! Ciągle go ma. Trzyma go w szafce przy łóżku! Kiedy to powiedziała, zrozumiałem, że ten list jest dla ojca wartościowy. Zbyt cenny, żeby go wykorzystać podczas kłótni. Mój ojciec nigdy nie będzie w stanie powiedzieć: Przebaczam ci, synu. Nigdy nie usłyszałem, żeby powiedział: „Przepraszam" albo „Kocham cię". Nigdy w ten sposób nie mówił, ale zrozumiałem, że list był dla niego cenny i przyjąłem, że mi przebaczył. Mijały lata, a ja pewnego dnia postanowiłem powiedzieć mojemu ojcu, że go kocham.

Nie czułem w sercu żadnej miłości do ojca, ale pomyślałem, że jeśli zdecyduję się to powiedzieć siłą woli, to Bóg uhonoruje ten akt uczuciem miłości. Tak samo jak budowlańcy wlewają beton w drewniane szalunki, moja deklaracja miłości stanie się ramą, w którą Bóg wyleje swoją miłość. Wypowiem słowa: „Kocham cię", i będę ufał, że Bóg da mi uczucie miłości do ojca. Prawdę mówiąc, wolałbym raczej wspiąć się na Everest. Było to bardzo trudne. Ale przy tych wszystkich kłótniach z ojcem, nauczył mnie jednej rzeczy. Mianowicie, żeby mówić rzeczy trudne dla tej drugiej osoby. Kiedyś było mi bardzo łatwo to robić. Dlatego postanowiłem mu powiedzieć, że go kocham.

„Kocham cię, tato!"

Przy następnej wizycie szukałem okazji, żeby to powiedzieć. Miałem nadzieję, że w pewnej chwili uda się do kuchni, ja pójdę za nim, wezmę szklankę wody i powiem: „A tak przy okazji, tato, kocham cię", i wrócę do pokoju. Ale ojciec nie szedł do kuchni i ani przez chwilę nie byliśmy sami. W końcu opuszczaliśmy już dom, żeby wrócić do siebie, a ja myślałem, że straciłem okazję. Mój ojciec miał jednak pewien nawyk. Gdy goście wychodzili z domu, on zawsze stawał w kuchni, przez którą trzeba było przejść do wyjścia. Stawał tyłem do lodówki i ściskał ręce na pożegnanie. Mój ojciec nie nauczył mnie wielu rzeczy w życiu, ale gdy miałem cztery lata, nauczył mnie ściskać rękę. Nadal pamiętam jego słowa bardzo dokładnie. Powiedział: Gdy ściskasz rękę mężczyźnie – mocny uścisk, ręka nie może być bezwładna. Potrząśnij dwa, trzy razy i puść. Nie należy za długo trzymać ręki mężczyzny!

Gdy opuszczaliśmy dom, uścisnąłem rękę ojcu – dwa, trzy potrząśnięcia, mocny uścisk i poszedłem do drzwi. Ojciec uścisnął rękę pozostałym, wyszliśmy z domu. Gdy doszedłem do rogu domu, pomyślałem: Zrobię to teraz! Obróciłem się do matki i ojca i powiedziałem: Do widzenia, mamo i tato. Kocham cię, tato! A potem szybko schowałem się za róg domu. Denise i dzieci pośpiesznie szli za mną do samochodu i odjechaliśmy! Nie usłyszałem krzyku ani upadku, a więc udało mi się!

Przy następnej wizycie postanowiłem zrobić to jeszcze raz. Jeszcze raz powiem: „Kocham cię". Tym razem, gdy ściskałem mu rękę przy lodówce, zrobiłem to samo – mocny uścisk, dwa, trzy potrząśnięcia – ale tym razem nie puściłem jego ręki, a on na mnie spojrzał. Popatrzyłem mu prosto w oczy i powiedziałem: „Kocham cię, tato". A potem wyszedłem. Gdy byłem już na trawniku, obejrzałem się i zobaczyłem, że ojciec nadal stoi i patrzy na swoją rękę. Mój ojciec nigdy nie słyszał takich słów przez całe swoje życie. Szczególnie ze strony mężczyzny. Moja matka mówiła tak do niego na początku ich małżeństwa, ale potem przestała. Odwaga we mnie rosła, postanowiłem, że zrobię to samo przy następnej wizycie.

Gdy wyjeżdżaliśmy, ojciec wyciągnął rękę. Wydawało mi się, że bardziej ostrożnie! Tym razem jednak zamiast ściskać mu rękę, objąłem go jedną ręką, uścisnąłem po raz pierwszy w życiu i szepnąłem do ucha: „Kocham cię, tato!" Prawie niepostrzeżenie skinął głową, ale miałem wrażenie, że obejmuję kłodę drzewa. Każdy mięsień w jego ciele był napięty. Potem wykorzystywałem okazję przy każdej wizycie, żeby mu powiedzieć: Kocham cię, tato.

Po trzech latach pewnego wieczoru ojciec zadzwonił do mnie. Często dzwoniła do mnie mama, ale był to drugi w życiu telefon od mojego ojca. Powiedział: Niedaleko ciebie odbywa się mecz rugby. Mogę przyjechać i przenocować u was? A potem dodał: Chcę ci coś powiedzieć. Mój ojciec nigdy wcześniej u nas nie nocował. Odwiedził nasz dom może raz albo dwa razy w ciągu osiemnastu lat naszego małżeństwa. Przyjechał do nas po meczu. Denise przygotowała smaczną kolację. Zjedliśmy. Potem ojciec powiedział: Mam ci coś do powiedzenia. Denise zajęła się czymś w drugiej części domu i zostawiła nas samych.

Siedzieliśmy cały wieczór, ale on nie był w stanie powiedzieć tego, co zamierzał. Wiele razy próbował podjąć temat. Mówił: Przyjechałem, żeby ci coś powiedzieć. Chcę ci coś powiedzieć. Patrzył na mnie, jakby desperacko próbując znaleźć słowa, ale nie potrafił. Znów zaczynał mówić o rugby albo o czymś innym. To właśnie wtedy powiedział mi: Nikt nie powiedział do mnie takich słów w całym moim życiu poza twoją matką. Powiedział też: Jak rozumiem, mężczyźni nie mówią do siebie takich słów. Powiedział jeszcze: W czasie wojny nie można się z nikim zaprzyjaźnić, bo gdy zginie, nie będziesz w stanie wykonać zadania. Wszystko to wyrzucił z siebie, siedząc ze mną w pokoju.

Jestem najmłodszy w rodzinie. Mój brat jest naukowcem, rodzice z dumą uczestniczyli we wszystkich uroczystych rozdaniach dyplomów. Był pierwszą osobą w naszej rodzinie prawdopodobnie od czasów Adama, która skończyła studia! Moja siostra pracowała w telewizji i w każdy czwartek rodzice śledzili napisy na końcu programu, żeby zobaczyć jej nazwisko. Byli z niej dumni. Ja miałem największy potencjał naukowy w naszej rodzinie, ale chciałem zostać selekcjonerem jeleni, samotnikiem i mieszkać w górach. Nie zrobiłem niczego, czego pragnęli dla mnie rodzicei mój ojciec nie był ze mnie dumny. Uważał, że go zawiodłem. Gdy zostałem chrześcijaninem, było jeszcze gorzej. Dałem mu kolejny powód do kłótni. Jednak tego wieczoru gdy przyjechał do nas po meczu rugby, powiedział: Muszę ci jeszcze coś powiedzieć.

Zrobił się bardzo poważny. Było mu bardzo trudno mówić, ale rzekł: Może nadejść taka chwila, gdy tylko twoja matka albo ja zostaniemy przy życiu. Tylko tyle. Popatrzył na mnie, jakby chciał powiedzieć: Proszę, zrozum, co chcę powiedzieć. Proszę, nie zmuszaj mnie, żebym wszystko powiedział. Byłem zaskoczony, ale on mnie o coś prosił. Byłem najmłodszym synem, tym, który nie spełnił jego oczekiwań. Mogłem tylko odpowiedzieć: Tato, jeśli zostaniesz sam, możesz przyjechać i zamieszkać z nami. Wyraźnie się odprężył, jakby ciężar spadł mu z barków, ale i tak nie powiedział, po co przyjechał.

Mijały godziny, dochodziła północ, gdy jeszcze raz podjął temat. – Przyjechałem, żeby ci coś powiedzieć. I znów nie mógł tego wypowiedzieć. W końcu rzekł: Chcę, żebyś wiedział... Popatrzył na mnie błagalnie, jakby mówiąc: Pomóż mi to powiedzieć! Nie mogłem zrobić nic, żeby mu pomóc. Mogłem tylko siedzieć i czekać. W końcu wyrzucił z siebie: Chcę, żebyś wiedział, że twoja matka i ja kochamy was, wszystkie dzieci. – Ja też cię kocham, tato – odpowiedziałem, a on pokiwał głową, jakby potwierdzając to, co naprawdę chciał powiedzieć.

„KOCHAM CIĘ, SYNU!"

Minęły lata i mój ojciec w końcu pewnego dnia powiedział do mnie: Kocham cię, synu! Było to w 2001 roku. Od sześciu lub siedmiu lat był hospitalizowany. Z powodu cukrzycy stracił prawą nogę, a wzrok bardzo mu się pogorszył. Nie mógł oglądać telewizji. Dostrzegał tylko jaśniejsze światło okna. A poza oknem nic go nie interesowało. Przeszedł kilka lekkich wylewów, stracił pamięć krótkotrwałą, choć jego długotrwała pamięć nie była naruszona. Pojechałem go odwiedzić, ponieważ wyjeżdżaliśmy w długą podróż do Europy. Po raz pierwszy w życiu udało nam się przeprowadzić rozmowę, w której nie był kłótliwy. Odeszła mu całkiem ochota na prowadzenie sporów.

Powiedziałem mu, jak się czułem jako chłopiec podczas tych wszystkich kłótni. Słuchał tego i rozumiał, nie myślał już o tym, żeby się spierać. W czasie naszej rozmowy trzy razy powiedział: Bardzo cię przepraszam. Mój ojciec nigdy wcześniej nikogo nie przepraszał. Tego dnia trzy razy powiedział: Kocham cię, synu! Gdy wychodziłem z pokoju, powiedział: Tak przy okazji! Odwróciłem się, a on powiedział: Wiesz, zawsze cię kochałem!

Po wyjściu ze szpitala wróciłem do mamy i opowiedziałem jej o naszej rozmowie z tatą, o tym co powiedział. Ona stwierdziła: Gdy trzaskałeś drzwiami i wychodziłeś, wiesz, co robił ojciec? Szedł do sypialni i zamykał drzwi na klucz. Nie wpuszczał mnie do środka, bo płakał.

Jakiś czas później byliśmy w Anglii i kończyliśmy wyczerpującą podróż. W czasie końcowego nabożeństwa modliliśmy za ostatnie osoby. Podszedł do mnie ktoś z kościoła i powiedział: James, telefon do ciebie z Nowej Zelandii. Twój brat dzwoni. Oczywiście wiedziałem, o co chodzi. Wcześniej zastanawiałem się, co zrobić, gdyby mój ojciec umarł, gdy będę zagranicą. Odwołać konferencje? Wrócić? Czy to ma znaczenie? Co powinienem zrobić?

Porozmawiałem z bratem, który powiedział, że tata umarł

półtorej godziny temu i że chciał, bym wrócił do domu i poprowadził jego pogrzeb. Poleciałem do Nowej Zelandii, a Denise została w Anglii. Pogrzeb odbył się dzień po moim przylocie. Byłem zdziwiony, że tata chciał, żebym to ja poprowadził pogrzeb. Zawsze się ze mną sprzeczał i sprawiał wrażenie, że mocno sprzeciwia się chrześcijaństwu.

Pamiętam, jak stałem z przodu i przemawiałem w czasie pogrzebu. Było dosyć dużo ludzi. Rozglądając się wokół, zastanawiałem się, czy ktokolwiek z nich szczerze kochał mojego ojca. Kłócił się ze wszystkimi. Patrząc na stojącą obok mnie trumnę, pomyślałem: Może chciał, żebym poprowadził pogrzeb, bo wiedział, że miałem dla niego serce syna i że jestem jego prawdziwym synem.

Synowskie serce

Tak wyglądało moje życie z ojcem. Patrząc wstecz, za najwspanialszy moment uważam chwilę, gdy wrzuciłem list do skrzynki. Dlaczego? Ponieważ gdy wrzuciłem list, Bóg przywrócił mi synowskie serce i dzięki temu poznałem mojego niebiańskiego Ojca.

Uważam, że większość z nas utraciła synowskie serce względem naszego biologicznego ojca lub matki. Jak je odzyskać? Znajdziemy je tam, gdzie je straciliśmy.

Nie możesz naprawdę poznać Ojca, jeśli nie masz serca syna lub córki. Możesz odczuć Jego dotyk. Możesz doświadczyć Jego miłości. Jego miłość może nawet dotknąć twojego serca i emocji, ale nie możesz mieć intymnej więzi z Nim jako Ojcem, jeśli nie masz serca syna. Wielu ludzi spotyka niebiańskiego Ojca, ale tylko ci, którzy mają serce syna lub serce córki, mogą żyć w relacji z Nim jako Ojcem. Gdy poznasz go jako Ojca, Jego miłość będzie cię dotykać i wypełniać twoje serce. Ta sama miłość w miarę upływu czasu będzie uzdrawiać twoje serce. Ta ciągle dostępna miłość będzie ustawicznie wylewać się na twoją istotę, aż wypełni wszystkie ubytki. A gdy wypełni ubytki, jej poziom zacznie rosnąć i w końcu stanie się jak potężny ocean, w którym możesz pływać.

Skoro tak wielu z nas zamknęło serca dla ziemskich ojców i utraciło synowskie serce, może i ty powinieneś napisać list do jednego lub obojga rodziców? A może lepsza będzie rozmowa telefoniczna lub twarzą w twarz. Decyzję pozostawiam tobie, ale wiem dwie rzeczy. Po pierwsze, jeśli nie masz synowskiego serca względem rodziców, których Bóg ci dał, nie możesz mieć prawdziwej relacji z Bogiem jako Ojcem. Przejdziesz przez życie uwięziony przez sieroce myślenie i działanie.

Po drugie, jeśli sprawujesz jakąś formę chrześcijańskiej posługi, będziesz ciągle napotykać przeszkody, ponieważ aby być podobnym do Jezusa, musisz najpierw w głębi serca być synem. Jeśli nie masz serca syna, twoja zdolność przemawiania i postępowania jak Jezus z głębi serca będzie ograniczona. W Liście do Hebrajczyków 1,1-2 czytamy: „Wielokrotnie i wieloma sposobami przemawiał Bóg dawnymi czasy do ojców przez proroków; ostatnio, u kresu tych dni, przemówił do nas przez Syna". On ciągle woli przemawiać przez synów! Takie objawienie Ojca i Jego miłości ma kluczowe znaczenie dla przyszłości Kościoła, jak również naszego życia.

ROZDZIAŁ 5

Bóg jest naszym prawdziwym Ojcem

∼

Jako młody chrześcijanin zacząłem się modlić i prosić Pana, żeby pozwolił mi widzieć rzeczy, tak jak On widzi. Chciałem naprawdę zrozumieć, jak patrzy Bóg. W Księdze Przypowieści 14,6 czytamy: „Dla roztropnego poznanie jest rzeczą łatwą". Wielu ludzi szuka poznania, ale jeśli jesteś roztropny, to poznanie przychodzi łatwo. Chciałem prowadzić życie z perspektywy jak najbliższej tego, jak widzi je Bóg. Patrzenie z Bożej perspektywy wnosi do naszego życia prawdziwy i trwały pokój. Wiedza może wnosić zamęt, ale jeśli jesteś roztropny, masz pokój, ponieważ we wszystkim dostrzegasz Boży cel.

CEL ŻYCIA

Gdy miałem dwanaście lat, nasza rodzina wyprowadziła się z małego miasteczka, w którym dorastałem. Kochałem życie w tym miasteczku i nie chciałem się przenosić. W całym tym zamieszaniu zacząłem szukać sensu życia. Pamiętam, jak wychodziłem patrzeć na gwiazdy w nocy i w głowie słyszałem słowa nauczyciela, który mówił, że wszechświat nie ma końca. Kosmos nie kończy się wysokim ceglanym murem. A nawet gdyby tak było, mówił nauczyciel, to co kryłoby się za murem? Taka wizja napawała mój młody umysł lękiem. Myślałem sobie, że nawet jeśli coś jest na końcu egzystencji, to co znajduje się dalej? Musi ciągle trwać!

Pamiętam, że pytałem rodziców o sens życia. O co w nim chodzi? Kim jesteśmy i co robimy na tym świecie? Jaki jest sens tego wszystkiego? Skąd się wziąłem? Jak to się dzieje, że myślę i mam świadomość? Takie pytania dręczyły mnie jako młodego chłopaka. Pewien człowiek powiedział mi: Nie przejmuj się. Gdy dorośniesz, nie będziesz się tym tak przejmował. Była to najbardziej bezużyteczna odpowiedź, jaką dostałem. Zupełnie mi nie odpowiadała. Pomyślałem: Ten człowiek z pewnością też zadawał sobie takie pytania, gdy był młody. Teraz jest stary, a mimo to nie znalazł odpowiedzi. W moich myślach panował zamęt. Aż po dziś dzień stawianie sobie tych pytań nie stało się wcale łatwiejsze.

W szkole uczono nas, że odpowiedzią na takie pytania jest teoria ewolucji. Uczono nas, że pojawiliśmy się na ziemi na skutek nieskończonej serii niezwykłych przypadków. Nie było w tym żadnego celu. Życie to po prostu skutek warunków pogodowych w połączeniu z reakcjami chemicznymi pewnych związków. Powoli, po serii takich przypadkowych zdarzeń wyłonił się z nich człowiek. Czas mija, ziemia krąży wokół słońca i obraca się wokół własnej osi. Po pewnym czasie zacznie zwalniać. Słońce straci swoją moc i wszystko na ziemi umrze. W ostatecznym rozrachunku nic nie ma celu.

W takim razie, zastanawiałem się, po co w ogóle chodzić do

szkoły? Pytałem sam siebie: Dlaczego miałbym chodzić do szkoły i uczyć się, żeby potem lepiej zarabiać? Po to, żeby mieć dzieci, które nie będą znały odpowiedzi na te same pytania? Tak, będą wykształcone, ale będą się zmagać, żeby przetrwać finansowo i przeżyją do końca, nie mając żadnego celu? Wreszcie słońce wystygnie, wszystko zniknie, a ostateczny rachunek wyniesie absolutne zero? Miałem trudności, żeby zmotywować się do jakiegokolwiek działania. Kwestionowałem prawo innych do mówienia mi, co jest dobre a co złe i jak przeżyć życie.

Kilka lat temu opublikowano wyniki badań, z których wynikało, że ze wszystkich krajów rozwiniętych Nowa Zelandia ma najwyższy współczynnik samobójstw wśród nastolatków. Nagle studia telewizyjne wypełniły się ludźmi komentującymi te badania. Politycy udzielali wywiadów i przedstawiali swoje zdanie. Psychiatrzy i psychologowie prezentowali swoje różnorodne teorie. Nie twierdzę, że moja opinia jest lepsza niż ich, ale jeśli nastolatki dowiadują się, że tak naprawdę życie nie ma celu, to po co przedłużać cierpienie? Świetnie rozumiem, dlaczego młodzi popełniają samobójstwa, jeśli wierzą w ewolucję. Dlaczego ze sobą nie skończyć? Po co czekać, żeby życie zakończyło się w sposób naturalny?

Jesteśmy Bożymi potomkami

Teraz chcę, żebyśmy przyjrzeli się czemuś, co przyniosło mi ogromny pokój. Spowodowało, że mogę stawiać czoła różnym życiowym wyzwaniom, cały czas zachowując spokój w swoim sercu. W miarę upływu czasu zacząłem lepiej rozumieć pewne sprawy i patrzeć na nie z zupełnie innej perspektywy. W pewnym okresie mojego życia uważałem, że posiadam pełne zrozumienie ewangelii. Wszystko wydawało mi się logiczne, a jednak gdy patrzyłem na swoje życie, codzienna praktyka znacznie odbiegała od moich przekonań. Brakowało mi autorytetu i mocy, żeby naprawdę być błogosławieństwem dla ludzi, z którymi miałem kontakt. Jeśli dobrze rozumiałem ewangelię, to dlaczego w moim życiu nie działo się więcej? Dlaczego nie oglądałem owocu i efektów takich jak w życiu Jezusa? Dlatego postanowiłem spędzić czas w samotności z Panem. Oddałem Mu wszystko, czego zostałem nauczony i prosiłem, żeby oczyścił moje zrozumienie i otworzył serce na nauczanie. Prosiłem, żeby przekazane mi prawdy przeszły proces przesiewania przez Jego miłość i punkt widzenia. Nie muszę chyba mówić, że Pan zaczął uczyć mnie wielu rzeczy.

Jedną z rzeczy, która zaczęła zmieniać moje zrozumienie, było przesłanie Pawła do ateńskich filozofów z Dziejów Apostolskich rozdział 17. Wierzę, że zrozumienie tego, o czym piszę w tym rozdziale, może dokonać ogromnej zmiany w twoim życiu i doświadczeniu relacji z Bogiem. Czytając ten fragment, pamiętaj, że wśród słuchaczy Pawła nie było ani jednego chrześcijanina.

Paweł mówi do nich:

„Bóg, który stworzył świat i wszystko, co na nim, Ten, będąc Panem nieba i ziemi, nie mieszka w świątyniach ręką zbudowanych ani też nie służy mu się rękami ludzkimi, jak gdyby czego potrzebował, gdyż sam daje wszystkim życie i tchnienie, i wszystko. Z jednego pnia wywiódł też wszystkie narody ludzkie, aby mieszkały na całym obszarze ziemi" (Dz 17,24-26).

W urywku tym znajdujemy bardzo ciekawe stwierdzenie: „On z jednego [człowieka] wyprowadził cały rodzaj ludzki, aby zamieszkiwał całą powierzchnię ziemi" (Dz 17,26a) [BG]. Zaludnienie ziemi było nakazem od czasów ogrodu Eden. Ludzkość miała się rozmnażać i zamieszkać na całej ziemi. Potem apostoł pisze:"Ustanowiwszy dla nich wyznaczone okresy czasu i granice ich zamieszkania" (Dz 17,26b).

Pozwólcie, że krótko skomentuję ten fragment. Nie jest to najważniejszy punkt, ale Paweł wypowiada tu ciekawe stwierdzenie. Bóg określił z góry czas i miejsce naszego urodzenia. Pochodzimy z różnych narodów i kręgów kulturowych. Ci, którzy zakładali państwa, niekoniecznie chcieli wypełniać Bożą wolę, ale mimo to czas i miejsce twojego urodzenia znalazło się w Bożym planie dla całej ludzkości. To nie pomyłka, że ja jestem Nowozelandczykiem, a ty jesteś tym, kim jesteś. Nie ma w tym pomyłki, bo to Bóg ustanowił dla ciebie wyznaczony czas i dokładne miejsce, gdzie powinieneś mieszkać. Zrobił to w tym celu, żeby ludzie Go szukali.

A potem Paweł czyni jeszcze inną ciekawą uwagę, cytując greckiego poetę. Musimy pamiętać, że Paweł był błyskotliwy. Uczył się u stóp Gamaliela, wiodącego nauczyciela pewnej sekty faryzeuszy. Był jednym z najlepszych uczniów. Stwierdza, że przewyższał wszystkich, którzy znajdowali się w jego klasie (por. Ga 1,14). W innym miejscu (por. 2Kor 11,5) stwierdza, że w niczym nie ustępuje innym ludziom. Dorastał w Tarsie, które było miastem uniwersyteckim imperium rzymskiego. Bez wątpienia osiągnął szczyty wiedzy religijnej i poznania.

W wieku dwunastu lat na pewno znał na pamięć długie fragmenty ksiąg Rodzaju, Wyjścia, Kapłańskiej, Liczb i Powtórzonego Prawa. Były to normalne wymagania wobec chłopca w jego wieku. Był, jak sądzę, bystrym chłopcem (dorastał w mieście uniwersyteckim). Jego rodzina i on sam znali wielokulturowość imperium rzymskiego. Niewątpliwie stykał się z kulturą grecką, która dominowała w jego czasach i prawdopodobnie nauczył się greckiego poematu Aratusa, poety, który żył w jego rodzinnym Tarsie. W każdym razie potrafił go zacytować. Paweł przemawiał do grupy Greków, wiodących filozofów w Atenach. Wiemy, że Grecy ci starali się nie obrazić jakiegokolwiek bóstwa. W swojej filozofii byli bardzo religijni i chcieli uwzględnić wszystkie opcje. Wznieśli ołtarz ku czci nieznanego boga.

Filozofowie dowiedzieli się, że Paweł głosi w mieście, zaprosili go więc, żeby przyszedł i przemówił do nich. Przemawiając, Paweł zacytował właśnie tego greckiego poetę. Zabawne, że jedna linijka utworu jakiegoś greckiego poety została odnotowana w Piśmie Świętym. Z całą pewnością nie myślał, że tworząc swój wiersz, pisze Pismo Święte. Co więcej, Paweł zacytował urywek jako niosący prawdę, jako Bożą mądrość. To natchnione Pismo i jako takie jest inspirowane przez Ducha Bożego. Gdzieś po drodze Bóg tchnął na tego greckiego poetę, a Paweł wykorzystał jego wiersz, żeby zdobyć serca greckich filozofów.

„Albowiem w nim żyjemy i poruszamy się, i jesteśmy, jak to i niektórzy z waszych poetów powiedzieli: Z jego bowiem rodu jesteśmy " (Dz 17,28).

W wierszu 29 Paweł kontynuuje:

„Będąc więc z rodu Bożego..."

Czytałem ten fragment wiele razy, zanim coś zauważyłem. Gdy to dostrzegłem, stało się to dla mnie zagadką, bowiem Paweł przemawiał do zupełnie niechrześcijańskiego audytorium, a powiedział do nich: Jesteśmy z rodu Bożego. Jesteśmy dziećmi Bożymi. Uczono mnie, że staję się Bożym synem w chwili nowego narodzenia. Jeśli nie narodzę się na nowo, nie będę mógł wejść do Królestwa Bożego. I jest to absolutna prawda. A jednak gdy czytałem ten urywek, pojawiał się problem, bo Paweł mówił do greckich filozofów: „Ponieważ jesteśmy Bożymi dziećmi, ponieważ jesteśmy z Jego rodu, skoro pochodzimy od Niego, ponieważ jesteśmy Jego dziećmi...". Nie rozumiałem, jak Paweł mógł powiedzieć do tych niechrześcijan, Greków, że są dziećmi Bożymi!

W tym miejscu chcę stwierdzić bardzo jasno, że nie doświadczymy nigdy żadnych korzyści z faktu bycia dziećmi Bożymi, jeśli nie narodzimy się na nowo. Jest to absolutna podstawa i nie ma co do tego wątpliwości. Ale w tym, co mówił Paweł, musi być coś więcej, skoro znajduje się to w natchnionym Słowie Bożym. Zawsze mówiono mi, że zanim stałem się chrześcijaninem, chodziłem w ciemności. Właściwie mówiono mi, że sam szatan był moim ojcem, ponieważ chodziłem jego drogami. Ale Paweł stwierdza, że my wszyscy, nawet nienarodzeni na nowo, jesteśmy z rodu Bożego. To mnie zaskoczyło, ponieważ zawsze uczono mnie, że rodzimy się z Ducha Bożego i takie narodzenie daje nam gwarancję, że stajemy się dziećmi Bożymi. A jednak Paweł mówi coś innego, co nie brzmi jak konwencjonalna doktryna chrześcijańska. Brzmi raczej jak jakaś forma uniwersalizmu religijnego. Próbowałem to zrozumieć i Pan zaczął mi dawać pewne światło.

Gdy będziemy rozważać tę kwestię, musimy pamiętać, że gdy Bóg stworzył Adama i Ewę w ogrodzie Eden, pragnął, aby oni nie zgrzeszyli. Teologowie od wieków debatowali nad kwestią, czy Bóg z góry wiedział, że Adam i Ewa zgrzeszą. Nie ma co do tego zgody. Jednak wiemy, że Boży plan dla Adama i Ewy był prawdziwy. Bóg nie pragnął, żeby Adam i Ewa zgrzeszyli. Zatem, aby zrozumieć to, że każdy człowiek na świecie jest Bożym dzieckiem, musimy zrozumieć znaczenie słowa odkupienie.

Odkupienie

Odkupienie oznacza „wykupienie".

Noszę zegarek, który dostałem jako prezent na Boże Narodzenie. Ktoś mi go kupił, więc nie mogę powiedzieć, że ten zegarek został odkupiony. Został kupiony, ale nie odkupiony. Gdy Jezus kupił nas za określoną cenę, tak naprawdę nabył nas ponownie, odkupił. Kupienie mojego zegarka nie można nazwać „odkupieniem" z jednego prostego powodu. Można odkupić tylko to, co się wcześniej posiadało. Odkupienie, którego Jezus dokonał przez swoją śmierć na krzyżu było zatem wykupieniem z powrotem tego, co wcześniej należało do Boga. Jezus nas nie kupił. On nas odkupił!

Dlatego w chrześcijaństwie możemy tak naprawdę mówić o odkupieniu tylko wtedy, jeśli pamiętamy, że zanim jeszcze byliśmy grzesznikami, należeliśmy do Boga. Nie było to za naszego życia, ale za życia naszych przodków, Adama i Ewy. Każdy z nas ma w nich swój początek, wszyscy od nich pochodzimy. Cała ludzkość znajdowała się w Adamie i Ewie i przed upadkiem należała do Boga. Jaki Bóg miał dla nas cel? On pragnął, żeby Adam i Ewa nigdy nie zgrzeszyli i rozmnażali się, tak jak nakazał. Mieli pomnażać się, wypełniać ziemię i czynić ją poddaną. Takie zadanie do wykonania otrzymali od Boga. Bożym celem (prawdziwym) było to, by ludzie wypełnili ziemię, żeby Adam i Ewa, czy ktokolwiek inny nie zgrzeszyli.

Pierwotny plan

Wyobraźmy sobie, jak wyglądałby świat, gdyby Adam i Ewa nie zgrzeszyli. Czy potraficie sobie wyobrazić życie w takim świecie? Różniłoby się bardzo od tego, czego dzisiaj doświadczamy. Gdyby

Adam i Ewa nie zgrzeszyli, żyliby do dzisiaj! Moglibyśmy pójść do ich domu, zapukać do drzwi. Adam otworzyłby nam i zaprosił do środka. Żyliby od bardzo dawna, ale ciągle byliby w kwiecie wieku. Sądzę, że gdyby Adam wszedł dzisiaj do pokoju, wszyscy obecni upadliby przed nim i oddali mu pokłon ze względu na jego wygląd. Pomyślelibyśmy, że to Bóg, ponieważ Adam został stworzony na Boży obraz. Gdyby grzech i śmierć nie wkroczyły na ziemię, Adam i Ewa patrzyliby w twarz samego Boga każdego dnia przez tysiące lat. Nie byłoby ograniczonego objawienia, ale patrzyliby na pełnię objawienia tego, kim jest Bóg. Gdy Mojżesz zszedł z góry, jego twarz tak jaśniała chwałą Bożą, że na ludzi padł wielki strach. Mojżesz musiał zakryć twarz zasłoną, żeby ludzie mogli znieść jego wygląd zmieniony po zaledwie czterdziestu dniach na górze. Adam i Ewa chodziliby z Bogiem przez tysiące lat. Także wszyscy inni, którzy kiedykolwiek się urodzili, żyliby do dzisiaj, to znaczy twoi rodzice, dziadkowie, pradziadkowie i tak dalej! Każda istota ludzka żyłaby dzisiaj, ponieważ nie byłoby śmierci.

Trudno nam poradzić sobie ze śmiercią, ponieważ nie zostaliśmy do tego stworzeni. Trudno nam radzić sobie z jakąkolwiek formą odrzucenia, samotności i traumy, ponieważ nie mamy w sobie wbudowanych zasobów, które mogłyby nam w tym pomóc. Nie zostaliśmy zaprojektowani do takiego świata, jaki istnieje dzisiaj. Zostaliśmy zaprojektowani do świata, w którym Adam i Ewa nigdy nie zgrzeszyli.

Zastanówmy się nad inną istotną różnicą. Każda osoba, z którą kiedykolwiek miałeś do czynienia przez całe swoje życie, okazywałaby ci absolutną miłość, akceptację i podziw. Byliby pełni zachwytu widząc, jak jesteś zadziwiająco piękny i jak przyjemnie się z tobą przebywa. Cieszyliby się z niesamowitego obdarowania i zasobów, jakie przyniosłeś na ten świat. Rodząc się na tym świecie, czulibyśmy się tak upragnieni i wyczekiwani, że wywarłoby to na nas niesamowity wpływ.

Nie możemy sobie nawet wyobrazić radości, jakiej byśmy doznawali, gdyby Adam i Ewa nie zgrzeszyli. Trudno nam to sobie wyobrazić, ale właśnie do takiego życia zaprojektował nas Bóg. Wyobraźmy sobie, jak zostałby ukształtowany Adam jako dorosły człowiek posiadający pełnię władz umysłowych, emocji, serca i woli, jak również pełną zdolność rozumienia i właściwego myślenia. Jego intelekt przewyższałby znacznie mądrość kogokolwiek z nas. Według naukowców korzystamy zaledwie z dziesięciu procent zdolności naszego umysłu. Adam używałby stu procent swoich zdolności intelektualnych i mentalnych. Pojawił się na tym świecie i od razu otrzymał i doświadczył pełni Bożej miłości, która wypełniła jego istotę bez przeszkód.

Już samo przyjście Adama na świat musiało być przepełnione poczuciem tego, jak jest wspaniały i kochany, ponieważ zaraz po uzyskaniu świadomości spojrzał prosto w oczy Boga Ojca. Gdy Adam otworzył oczy, które są oknami duszy i spojrzał w twarz Boga Ojca, jego duszę wypełniła osoba Ojca. Bóg jest miłością i pragnie, aby wszyscy synowie i córki Adama i Ewy byli wypełnieni tą samą miłością, tym samym objawieniem, tą samą treścią każdego dnia swojego życia przez całą historię i wieczność.

Dla takiego rodzaju życia zostaliśmy stworzeni. Zostaliśmy zaprojektowani tak, żeby nasze narodziny były początkiem pełni doświadczenia Bożego ojcostwa. Naturalne narodziny wprowadzałyby nas w błogosławieństwo poznania Boga jako Ojca, doświadczania tego, że jesteśmy Jego synami i córkami. Nie znalibyśmy słowa „bezpieczeństwo", ponieważ nie potrafilibyśmy sobie wyobrazić czegoś innego niż pokój i bezpieczeństwo. Nie istniałoby pojęcie strachu.

Twoja matka i ojciec nie byliby tacy, jakimi ich znałeś. Wychowywaliby cię zupełnie inaczej. Ich rodzice, twoi dziadkowie, sami byliby tak pełni miłości Boga Ojca, że ich miłość do twoich rodziców byłaby doskonałym wyrazem Bożej miłości, wspanialszym niż cokolwiek, czego dotychczas doświadczyłeś. Rodząc się, wkraczalibyśmy we wszystkie błogosławieństwa faktu, że Bóg jest naszym Ojcem. Znalibyśmy Jego obecność, Jego zaopatrzenie, Jego miłość, Jego troskę i Jego kierownictwo.

Powtórne narodziny

Jednak, jak dobrze wiemy, Adam i Ewa zgrzeszyli. A ponieważ zgrzeszyli, Bóg zaplanował drugie narodziny, które mają nas wprowadzić w poznanie Jego ojcowskiej miłości i doświadczenie ojcostwa. Gdy Ojciec posłał Jezusa, żeby za nas umarł, to wydarzenie otworzyło przed nami drzwi. Jezus stał się drzwiami. On ich nie otworzył. On jest drzwiami.

Bóg Ojciec otworzył nam drzwi, żebyśmy mogli do Niego wrócić. Żebyśmy zostali wykupieni i z powrotem mieli dostęp do wszystkiego, co utracili Adam i Ewa. To właśnie znaczy odkupienie! Bóg posłał swojego Syna na ziemię, żeby odkupił wszystko, co zostało utracone w chwili, gdy Adam i Ewa zgrzeszyli. Właściwie to odkupił dla nas więcej niż utraciliśmy. Ponieważ zamiast być synami i córkami Bożymi takimi jak Adam, w Chrystusie stajemy się częścią życia samego Boga. Cóż za wspaniała nowina! Gdy rodzimy się na nowo, poznajemy Go jako naszego Ojca, w taki sposób, jak znaliby Go Adam i Ewa, gdyby nie doszło do upadku. Gdy zaczynamy to dostrzegać, uzyskujemy przebłysk tego, co to naprawdę znaczy być chrześcijaninem. Uzyskujemy wgląd w nasze przeznaczenie i dzieło Boże w naszym życiu.

Takie pełne zrozumienie odkupienia ma kluczowe znaczenie, jeśli chcemy skutecznie usługiwać innym. Bożym ostatecznym celem jest odnowienie twojego i mojego życia do takiego stanu, jakim cieszyliby się Adam i Ewa, gdyby nie zgrzeszyli. To jest cel Krzyża i cel odkupienia. Po to stajemy się chrześcijanami. Celem wszystkiego, co Bóg czyni w naszym życiu, jest powrót do pierwotnego bezgrzesznego stanu Adama i Ewy. Warto rozmyślać nad tym, jak wyglądałoby nasze życie i jak myślelibyśmy o sobie, gdybyśmy urodzili się na takim świecie. Bóg chce, żebyśmy poznali Jego miłość do nas, ponieważ miłość buduje w nas fundament, który daje poczucie absolutnego bezpieczeństwa.

Człowiek, który jest świadomy tego, że Bóg go kocha, nie zmaga się z doktryną o Bożym zaopatrzeniu. Być może często walczysz o to, by wierzyć, że Bóg zaspokoi twoje potrzeby materialne. Może trzymasz się Bożych obietnic, stajesz w wierze i starasz się z całej siły ufać Bogu. Może składasz pozytywnie wyznanie i powtarzasz obietnice, żeby ugruntować się w prawdzie. Jednak jeśli naprawdę w głębi serca nie masz przekonania, że Bóg Ojciec cię kocha, będzie ci trudno ufać, że o ciebie zadba. Ale jeśli masz silny fundament świadomości, że Bóg jest twoim Ojcem i cię kocha, wtedy bez trudu uwierzysz, że będzie się o ciebie troszczył w tym życiu. Miłość to fundament wiary. Tak naprawdę miłość jest fundamentem wszystkiego w naszym chrześcijańskim życiu. Doświadczanie miłości Boga Ojca i chodzenie w niej to sens chrześcijaństwa.

Wielu ludzi uważa, że sposobem na osiągnięcie pobożności jest ustawiczne recytowanie prawdziwych stwierdzeń. W ten sposób jednak nigdy nie zdobędziesz autentycznego przekonania. Gdy Jego miłość wypełni twojego ducha i będziesz wiedzieć, że On cię kocha, Biblia stanie się inną księgą. Zostałeś wybrany przed powstaniem świata. To nie my Go wybraliśmy, ale to On wybrał nas do niezwykłego wiecznego życia, które zaczyna się już teraz! To jest nasza wieczność, tu i teraz! Boży cel, plan i postanowienia zmierzają do naszego odkupienia, aby nasze życie obfitowało w to wszystko, co Bóg dla nas zaplanował przed upadkiem. Raj utracony został w Chrystusie odzyskany!

On cię począł

Prorok Jeremiasz pisze:

„Pan skierował do mnie następujące słowo: Zanim ukształtowałem cię w łonie matki, znałem cię, nim przyszedłeś na świat, poświęciłem cię, prorokiem dla narodów ustanowiłem cię" (Jr 1,4-5) [BG].

Nie możemy zakładać, że wszyscy zostaliśmy przeznaczeni na proroków narodów. W sensie ogólnym jest to prawda i może być konkretną prawdą dla niektórych z nas, ale słowo skierowane było do Jeremiasza. Wierzę jednak, że pierwsza część tego wersetu, gdzie mowa jest o stworzeniu Jeremiasza, „zanim ukształtowałem cię w łonie matki, znałem cię", ma zastosowanie do każdego z nas. Początkowo trudno było mi zrozumieć te słowa. Co Pan miał na myśli? Jak mógł znać Jeremiasza, zanim został ukształtowany w łonie matki? Gdybyśmy spojrzeli na to z czysto biologicznego punktu widzenia, Jeremiasz nie istniał, zanim nie powstał w łonie matki. Nie ma tutaj także mowy o reinkarnacji. Reinkarnacja nie należy do biblijnego zrozumienia życia. Jak więc Pan mógł znać Jeremiasza, zanim znalazł się w łonie matki? Nie popełnijmy tutaj błędu. On naprawdę znał Jeremiasza.

Zdanie to może być prawdziwe pod jednym warunkiem. W pewnym momencie przeszłości, zanim Jeremiasz znalazł się w łonie matki, Bóg stworzył w swoim umyśle człowieka, jakim stał się potem Jeremiasz. Zaprojektował całą osobę Jeremiasza, jego wygląd fizyczny, zdolności umysłowe, cechy emocjonalne i duchowe, dary i talenty. Zanim jeszcze Jeremiasz znalazł się w łonie swojej matki, Bóg mógł powiedzieć: Wiem dokładnie, jaki będzie ten człowiek.

Drogi czytelniku, wierzę, że to dotyczy każdego z nas. Dawno temu w przeszłości Bóg począł ciebie w swoim sercu i umyśle. Uczynił cię wyjątkowym człowiekiem, jakim jesteś ze wszystkimi konkretnymi zdolnościami, jakie posiadasz. Twoja matka i ojciec prawdopodobnie nie wiedzieli, czy będziesz chłopcem, czy dziewczynką, ale On wiedział wszystko, aż do najdrobniejszych szczegółów. Wiedział, ile będziesz miał wzrostu, ile będziesz ważył (plus minus kilka kilogramów). Wiedział, jaki kolor będą miały twoje włosy. On znał twoją osobowość i wiedział, jakie będziesz miał zdolności. Każdego z nas obdarzył pewnymi zdolnościami, których nie posiadają inni. W innych sprawach nas ograniczył. Zaprojektował dokładnie, jakim będziesz człowiekiem. On cię znał. Musisz zrozumieć, że On jest twoim prawdziwym Ojcem, ponieważ począł cię w swoim umyśle i sercu przed twoim naturalnym poczęciem.

Jeszcze bardziej zdumiewające jest to, że począł każdego z nas z miłości, ponieważ jest miłością. Innymi słowy, gdy postanowił, że cię uczyni, pomyślał: Jak mogę uczynić tę osobę absolutnie uroczą? On zaprojektował każdego z nas z bezgranicznej miłości. Niektórzy ludzie mają wrażenie, że pojawili się na tym świecie przez pomyłkę i że nie powinni byli się w ogóle urodzić. Takie też było moje doświadczenie. Moja matka powiedziała: Kiedy pobraliśmy się z twoim ojcem, chcieliśmy najpierw mieć chłopca. Urodził się twój brat i byliśmy bardzo szczęśliwi. A potem stwierdziliśmy, że wspaniale byłoby mieć dziewczynkę i urodziła się twoja siostra. Byliśmy bardzo zadowoleni i postanowiliśmy, że nie będziemy mieli więcej dzieci. A potem dowiedzieliśmy się, że ty masz się urodzić. Matka zrobiła pauzę, a potem dodała: Ale gdy przyszedłeś na świat, przyniosłeś ze sobą swoją własną miłość. Innymi słowy, powiedziała, że przez dziewięć miesięcy tak naprawdę mnie nie chcieli!

Wielu ludzi miało podobne doświadczenie i ciągle czują, że nie powinni byli znaleźć się na świecie. Może ich rodzice musieli się pobrać z powodu ciąży i od tej pory mają wrażenie, że stanowią problem. Wspaniała rzeczywistość wygląda tak: Bóg Ojciec z miłości począł każdego z nas, zanim znaleźliśmy się w łonie matki. Zostałeś poczęty z miłości przez twojego prawdziwego Ojca!

Nie ma czegoś takiego jak dzieci z nieprawego łoża. Są tylko nieprawi rodzice, ponieważ każde dziecko, jakie kiedykolwiek przyszło na świat jest kochane i oczekiwane przez Boga Ojca. Dlatego mógł On przez Ducha ustami Pawła w Dziejach Apostolskich powiedzieć, że wszyscy (chrześcijanie i niechrześcijanie) jesteśmy z Jego rodu. Mógł to powiedzieć, dlatego że w swoim pierwotnym planie dla ludzkości zaprojektował każdego z nas.

Często zastanawiałem się: W którym momencie mnie zaprojektował? Pięć minut przed moim poczęciem? Czy dał się zaskoczyć i powiedział: O, nie! Jeszcze jeden! Szybko! Zróbmy jeszcze jednego! Jak dawno temu mnie zaprojektował? Kilka minut przed moim narodzeniem? A może lata? Wierzę, że Bóg zaprojektował każdego z nas, zanim stworzył pierwszy atom we wszechświecie, ponieważ nie zależało Mu tak naprawdę na kosmosie. Chodziło Mu o rodzinę. Jego celem nie było posiadanie wspaniałego wszechświata. On stworzył wszechświat jako środowisko, w którym mamy żyć. Patrzymy na gwiazdy i wyobrażamy sobie, że są wieczne. Czy wiecie, dlaczego Bóg tak je stworzył? Nie po to, żebyśmy czuli się przytłoczeni lub zrozpaczeni naszą egzystencją, ale byśmy patrzyli na nie i mówili: Ojej! Aby wypełnił nas podziw dla Boga. On stworzył wszechświat, żebyśmy zrozumieli, jakim jest Ojcem. Prawda, że wspaniałym?

Stworzeni na Jego podobieństwo

Wielu ludzi przechodzi przez życie bez poczucia przynależności. Mają wrażenie, że nie powinni byli się urodzić. Niektórzy do tego stopnia sądzą, że są intruzami w życiu, że nie czują się na miejscu nawet w swoim domu. Całe życie pracują, oszczędzają na spłatę kredytu, żeby mieć dom, a gdy w końcu dostają akt własności, uważają, że nie powinni byli w ogóle przyjść na świat. A przecież jesteśmy dziećmi naszego niebiańskiego Ojca.

Dawno temu Bóg postanowił, że będziesz należeć do Niego. Bóg oczekiwał na dzień twoich narodzin od tysięcy lat. Radość psuła Mu jedynie świadomość, że z powodu upadku twoje narodziny nie przyniosą ci pełni błogosławieństwa Ojca. On kocha nas jako Ojciec, ale jeśli nie narodzimy się na nowo, nie będziemy mogli korzystać z tego, że jest naszym Ojcem. Bóg posłał Jezusa, by za nas umarł, abyśmy narodzili się na nowo i te drugie narodziny wprowadzają nas w pełnię błogosławieństwa posiadania Boga jako Ojca.

Spójrzmy na Psalm 139,16. Czytamy tam:

„Niedoskonały płód ciała mego widziały oczy twoje" [BG].

Dawno temu, zanim jeszcze twoje ciało zostało uformowane w łonie twojej matki, Bóg cię widział. Wiedział, jak będzie wyglądało twoje fizyczne ciało, zanim jeszcze powstał świat. Nie jesteś efektem procesu ewolucyjnego, wybrykiem natury, bez celu i sensu istnienia. Twoi rodzice nie wiedzieli, czy będziesz chłopcem, czy dziewczynką, albo przynajmniej nie mieli w tej kwestii nic do powiedzenia. Ale dawno temu, gdy Bóg określił dla ciebie czas i miejsce zamieszkania, wiedział, jak będziesz wyglądał.

Znam ludzi, którzy urodzili się z fizyczną deformacją: są niewidomi lub głusi, lub coś gorszego. Takie przypadłości wynikają z faktu, że ludzie otworzyli drzwi grzechowi i narazili się na niszczące działanie szatana. Czasem ich stan jest skutkiem ludzkiego, medycznego błędu. Może w przyszłości dowiemy się więcej na temat tego, w jaki sposób my, ludzie przyczyniamy się do takich sytuacji.

A jednak zanim jeszcze znalazłeś się w łonie matki, Bóg wiedział, jak będzie wyglądało twoje fizyczne ciało i On stwierdza, że zostaliśmy cudownie stworzeni.

Nasza córka przez dziesięć lat była międzynarodową modelką. Uważam, że zawsze pięknie wygląda, nawet wcześnie rano zaraz po wstaniu z łóżka. Pamiętam, że raz ją spytałem: Czy supermodelki uważają się za piękne? Odpowiedziała: Żadna tak nie myśli. Każda powiedziałaby, że coś się jej we własnym ciele nie podoba. A to kolana za bardzo kościste, nos za duży, a oczy za małe. To świadczy o tym, że zostaliśmy okradzeni z poczucia, że stanowimy część Bożego niezwykłego stworzenia.

Ten, który jest samym pięknem, nie może uczynić niczego brzydkiego. Serce artysty wyraża się w jego obrazach, a nie ma nikogo piękniejszego niż sam Bóg. Dlatego gdy uczynił ciebie i mnie, wyraził swoją naturę. Uczynił nas pięknymi. Wielu ludzi przechodzi przez życie, mając wrażenie, że nie są wystarczająco dobrzy w porównaniu z innymi, nigdy nie potrafią stanąć przed ludźmi. Wstydzą się samych siebie. Są nieśmiali. Okrywają się zasłonami oddzielenia, ponieważ uważają, że ich wygląd, zainteresowania, styl życia nie są godne uwagi. Bóg stworzył każdego z nas i wymyślił każdy aspekt naszej istoty.

Wielu ludzi sądzi, że Bóg uczynił mężczyznę na swoje podobieństwo, a potem dorzucił kobietę ku pomocy. Kobieta została stworzona jako niewolnica, żeby pracować razem z mężczyzną. Jednak nie uświadamiają sobie, że kobieta także została stworzona na Boży obraz. Nie rozumieją, że kobiecość, podobnie jak męskość, jest wyrazem natury samego Boga. Kobiecość także odzwierciedla to, kim jest Bóg. Znam kobietę, która w domu nie ma żadnego lustra, ponieważ uważa, że jest brzydka, a lustra zdają się to tylko potwierdzać. Bóg jednak nie stworzył niczego brzydkiego, a jeśli ludzie nie dostrzegają tego, jak jesteś piękny, to pokazuje tylko na różnicę między nimi a Bogiem, ponieważ On uważa, że ja jestem piękny i ty też jesteś piękny!

Kultura Hollywood i celebrytów ugruntowała ideał piękna i normę „dobrego wyglądu", którym nikt nie potrafi sprostać. Istnieje powiedzenie, że jeśli stodoła musi zostać pomalowana, to ją pomalujemy. Nie mam nic przeciwko makijażowi. Gdy przeprowadzano ze mną wywiad w telewizji, powiedziano mi, że trzeba nałożyć makijaż. Kiedy działo się to po raz pierwszy, nie mogłem uwierzyć! Trzeba było nieźle się napracować, żeby zmyć tę cała tapetę! Ale prosty fakt brzmi tak: Bóg uczył cię pięknym, a jeśli ludzie tego nie dostrzegają, to nie jest twój problem, lecz ich.

Bóg wie najlepiej i On mnie najbardziej kocha. Zna moje wady, a mimo to kocha mnie absolutną miłością. Nie możemy mówić: Nie kocham tej osoby, ponieważ ma tak wiele wad. Gdy nie jesteśmy w stanie kogoś kochać albo wyrażać innym miłości, to tylko podkreśla różnicę między nami a Bogiem. Nasz Bóg Ojciec stworzył każdego z nas w swoim umyśle i w swojej miłości. Stworzył nas, abyśmy byli uroczy. On jest naszym prawdziwym Ojcem. On był i jest naszym prawdziwym Ojcem.

Zostałeś tylko wypożyczony swoim rodzicom. Oni nic o tobie nie wiedzieli, a Bóg wiedział. On zaplanował każdą wyjątkową cechę każdego pojedynczego człowieka. On nas zaplanował. On jest naszym prawdziwym Ojcem. Jeśli przyjmiemy Chrystusa i będziemy żyć Jego życiem, będziemy znać naszego niebiańskiego Ojca przez całą wieczność.

Przywrócenie statusu syna i córki

Gdy mówimy o tym, że Bóg jest naszym Ojcem albo o przyjęciu ojcowskiej miłości, nie mówimy tylko o tym, że Bóg do nas przyjdzie i da nam coś przeżyć, dotknie nas swoją miłością, aby nas uzdrowić z emocjonalnych zranień. To wszystko się dzieje, ale Bogu przede wszystkim chodzi o przywrócenie nam statusu Jego synów i córek. On nas odkupił, abyśmy poznali Go jako naszego Ojca, tak jak znał Go Adam, a przede wszystkim Jezus.

Bóg Ojciec pragnie, abyśmy chodzili z Nim w wieczności jako synowie odzwierciedlający to kim On jest. To jest nasz cel. Z tego cieszę się najbardziej, gdy uświadamiam sobie, że Bóg jest moim Ojcem. Że zostałem doskonale zaprojektowany przez mojego niebiańskiego Ojca i jestem Jego synem. Od wieczności do wieczności jestem Jego synem. Oczywiście nie jestem Jezusem, ale w Chrystusie Bóg stał się moim Ojcem, a ja Jego synem odtąd aż na wieki. Taki był Jego odwieczny plan. Musiał mnie odkupić z powodu tego, co stało się w ogrodzie, ale ja zawsze byłem Jego synem i zawsze nim będę.

Ojciec czekał tysiące lat na chwilę, gdy ty przyjdziesz na świat. Gdy pojawiłeś się na świecie, Bóg zaczął świętować, ponieważ znał cię na długo przedtem, zanim znalazłeś się w łonie swojej matki. Czekał na dzień, gdy w końcu twój duch odbierze objawienie, że On jest twoim prawdziwym Ojcem. Jak każdy kochający rodzic, który czeka na dzień, gdy jego dziecko powie po raz pierwszy: Tata, Bóg Ojciec czekał tysiące lat, abyśmy spojrzeli na Niego i z głębi serca zawołali: Tatusiu!

ROZDZIAŁ 6

Duch sierocy

~

Po raz pierwszy usłyszałem termin „duch sierocy" na konferencji w Toronto w 2002 roku. Usłyszałem te słowa od Ducha Świętego piętnaście minut przed usługą. Szybko otworzyłem Biblię. Werset, który czytałem wiele razy wcześniej, uderzył mnie z całą siłą i wszystko się zmieniło. Wyszedłem na podium i gdy mówiłem, moje poselstwo ułożyło się w całość. Nie wiedziałem, jak będzie wyglądało kazanie, dopóki nie zacząłem mówić. Nie wiedziałem, jakie będzie przesłanie, ale nagle ten werset ożył i stał się jednym z najlepiej znanych poselstw w objawieniu Ojca. Można właściwie powiedzieć, że stał się sztandarowym poselstwem w naszej służbie, określającym podstawowy paradygmat naszego nauczania.

Werset, który mnie uderzył, pochodził z Ewangelii Jana 14. Są to słowa, które Jezus wypowiedział w swoich ostatnich dniach, mniej więcej tydzień przed ukrzyżowaniem. Jack Winter powiedział kiedyś, że ostatnie słowa człowieka będą z całą pewnością najważniejszymi słowami, jakie wypowiedział. Gdy tego dnia w Toronto przeczytałem ten werset, miałem wrażenie, że siła ciężkości się zmieniła, a ziemia się przesunęła. Od tej pory moje życie chrześcijańskie nie było już takie samo. Otrzymałem kilka objawień, ale to objawienie w bardzo znaczący sposób zmieniło perspektywę mojego życia. Nagle zostałem przeniesiony z perspektywy teologii zielonoświątkowo/charyzmatycznej w perspektywę Ojca.

Dziwny krótki werset

Zanim powiem wam, co to za werset, przedstawię tło. Ewangelia Jana to pierwsza księga Biblii, którą przeczytałem. A więc czytałem ten werset wiele razy wcześniej, ale nie dostrzegałem jego wagi. Prawdę mówiąc, uważałem, że jest to dziwny krótki werset. Nie rozumiałem go. Zawierał słowo, które nie zostało użyte nigdzie indziej w Ewangelii, a w pozostałej części Nowego Testamentu występuje tylko raz. Jednak w czasie tego nabożeństwa w Toronto nagle wyskoczyło z kartki i wszystko się zmieniło. Bóg otworzył moje zrozumienie czegoś, czego nigdy wcześniej nie widziałem.

Powiem wam, dlaczego wpływ tego fragmentu na mnie był tak wielki. W szkole biblijnej podawano nam kluczowe słowo do każdego rozdziału Ewangelii Jana. Zapamiętując jedno słowo, można było odtworzyć treść całego rozdziału. Istnieje też jeden konkretny werset, który stanowi klucz do zrozumienia całej Ewangelii Jana, który brzmi tak: „Te [cuda] zaś są spisane, abyście wierzyli, że Jezus jest Chrystusem, Synem Boga, i abyście wierząc mieli żywot w imieniu jego" (J 20,31). Werset ten wydawał mi się bardzo odpowiedni, ale gdy Bóg otworzył mi oczy na werset z Ewangelii Jana 14, zobaczyłem, że to on może stać się kluczowym wersetem całego Nowego Testamentu, a może nawet całej Biblii. To zadziwiające, jak dziwny, krótki werset nagle nabrał tak niezwykłej wagi.

Werset, który wszystko dla mnie zmienił, pochodzi z J 14,18. To prosty krótki werset, ale zawiera dużo treści. Słowa wypowiedział Jezus, Jan je zapisał.

„Nie zostawię was sierotami, przyjdę do was".

Gdy zaświtała mi ta świadomość, po raz pierwszy w życiu odczułem, że zaczynam rozumieć podstawowy problem ludzkości. Główne problemy nie tylko naszego indywidualnego zmagania, ale także zmagania w relacjach z innymi. Podstawowy problem życia kościelnego, tarć między wyznaniami, kłótni rodzinnych, nawet wojen między krajami. Nagle zobaczyłem przyczynę ludzkich zmagań na tej ziemi w całej historii. Nastąpiła całkowita zmiana paradygmatu.

Ktoś kiedyś powiedział do mnie: James, sprawiasz wrażenie, jakbyś myślał, że miłość Ojca jest odpowiedzią na wszystkie problemy ludzkości. Tak, wierzę w to z całego serca, ponieważ każdy problem ma swoje źródło w fakcie, że Adam i Ewa utracili swoje miejsce w ogrodzie Eden. tracąc tym samym dostęp do doświadczenia tego, jak bardzo Ojciec ich kocha. Gdy to nastąpiło, ludzkość utraciła doskonałe Boże zaopatrzenie i intymną społeczność z Nim.

A zatem gdy Jezus powiedział: „Nie zostawię was sierotami, przyjdę do was", co dokładnie miał na myśli?

JESTEŚMY SIEROTAMI

Powinienem najpierw powiedzieć, że słowa te nie powstały w sercu ani w umyśle Jezusa. Wypowiedział je, ale nie pochodziły z jego myśli czy teologii. Pochodziły od jego Ojca. Jezus powiedział:

„Bo ja nie z siebie samego mówiłem, ale Ojciec, który mnie posłał, On mi rozkazał, co mam powiedzieć i co mam mówić (...) co Ja wam mówię, mówię tak, jak mi powiedział Ojciec" (J 12,49.50). Słowa te pochodziły z serca Ojca.

Gdy Jezus powiedział: „Nie zostawię was sierotami, przyjdę do was", musimy pamiętać, że nie wypowiadał ich w sierocińcu! Większość jego słuchaczy nie była sierotami w naturalnym sensie. Wiemy, że byli tam Piotr i Andrzej. W chwili powołania przez Jezusa łowili ryby ze swoim ojcem, stąd wiemy, że mieli ojca. Jakub i Jan także mieli ojca. Byli synami Zebedeusza (zwani też byli synami gromu). Wiemy, że żyła również ich matka, ponieważ przyszła do Jezusa, prosząc, żeby jej synowie siedzieli po prawicy i lewicy Jezusa w nadchodzącym królestwie. Ich matka była naśladowczynią Jezusa, wierzyła, że On jest Mesjaszem. Z pewnością kochała swoich synów i chciała dla nich tego, co najlepsze. Tak więc z pewnością nie byli sierotami.

Jedynie niewielki procent słuchaczy tego dnia był naprawdę sierotami, a jednak słowa Ojca brzmiały: „Nie zostawię was sierotami, przyjdę do was". Były to słowa Boże do nas wszystkich, zapisane po wsze czasy.

Stąd możemy wyciągnąć wniosek, że Ojciec widzi cały rodzaj ludzki jako sieroty. Wszystkich nas uważa za sieroty.

Pierwotny duch sierocy

Dlaczego Bóg postrzega cały rodzaj ludzki jako sieroty? Żeby zrozumieć, że cały świat znajduje się w stanie sieroctwa, musimy wrócić do początków. Spójrzmy na Księgę Izajasza 14, w którym uchylony zostaje rąbek tajemnicy i patrzymy na wydarzenia sprzed stworzenia ludzi. Proroctwo zostało przekazane przez proroka Izajasza królowi babilońskiemu i dotyczyło ówczesnych czasów. Jednak wiele proroctw ma więcej niż jedno zastosowanie i często można je interpretować na wielu poziomach.

Od wiersza 12 i dalej widzimy wyraźnie, że możliwa jest inna interpretacja, która cofa się o wiele dalej niż czasy Izajasza i króla Babilonu. W niektórych tłumaczeniach Biblii ta część otrzymuje nagłówek „Upadek Lucyfera". Wielu biblistów uważa, że fragment ten mówi o pochodzeniu szatana.

Fragment zaczyna się następującymi słowami: „O, jakże spadłeś z nieba, ty, gwiazdo jasna, synu jutrzenki! Powalony jesteś na ziemię, pogromco narodów! A przecież to ty mawiałeś w swoim sercu..." (Iz 14,12-13). A potem następuje pięć stwierdzeń dotyczących tego, co podmiot zamierza zrobić. Widzimy zatem, że upadek Lucyfera zaczął się, gdy postanowił w swoim sercu: Zrobię następujące rzeczy.

„Wstąpię na niebiosa, swój tron wyniosę ponad gwiazdy Boże i zasiądę na górze narad, na najdalszej północy..." (Iz 14,13).

Nie jestem do końca pewny, co to wszystko znaczy, ale rozumiem stwierdzenie: Ja to zrobię. Powiedział: „Wstąpię na niebiosa", a ostatecznym jego pragnieniem było: „Zrównam się z Najwyższym" (w. 14). Lucyfer miał ambicję, żeby zastąpić Najwyższego Boga, zająć Jego miejsce i w końcu stać się takim jak On. Nie mówił: Będę stał obok Boga, ale raczej: Stanę się taki jak On! Szatan miał nie tyle ambicję, żeby stać się jak Bóg, ale raczej chciał zastąpić Boga! Gdyby do tego doszło, szatan miałby ostateczną władzę w całym wszechświecie.

Sądzę, że ta ambicja narastała w Lucyferze, aż do chwili gdy wydawało mu się, że odniósł sukces, po tym gdy ukrzyżował Księcia Pokoju. Nie rozumiał, że zgodnie ze słowami C. S. Lewisa, istniała „starsza magia", która doprowadzi do jego upadku i ostatecznej klęski.

Najważniejsza prawda, którą chcę tu podkreślić, na której opiera się cała reszta, brzmi tak: Gdy w Lucyferze zrodziło się złe pragnienie zastąpienia Najwyższego, tak naprawdę mówił on: Nie będę miał nad sobą ojca! Bóg jest ojcem z natury i niebo zawsze było pełne Jego ojcostwa. Dlatego Lucyfer tak naprawdę mówił: Nie chcę mieć nad sobą ojca. Ja chcę być ojcem. Nikt nie będzie stał nade mną. Nie jestem synem. Nie jestem niczyim poddanym.

Bardzo podobny fragment znajdujemy w Księdze Ezechiela 28,12-19. Tym razem Ezechiel prorokuje do króla Tyru i znów znajdujemy następną warstwę znaczeniową, która dotyczy czegoś więcej niż tylko bieżącego kontekstu. Uzyskujemy tutaj wgląd w pochodzenie sieroctwa. I znów o Lucyferze jest napisane:

„Ty, który byłeś odbiciem doskonałości, pełnym mądrości i skończonego piękna, byłeś w Edenie, ogrodzie Bożym; okryciem twoim były wszelakie drogie kamienie" (Ez 12,12-13).

Widzimy, że szatan nie został stworzony jako istota nikczemna. Znany był jako „Niosący światło". Był pełen mądrości i doskonałego piękna. „Byłeś w Edenie, ogrodzie Bożym; okryciem twoim były wszelakie drogie kamienie". Był przyozdobiony niesamowitym pięknem, najpiękniejszym ze wszystkich stworzeń. Pełen był też mądrości, ale z powodu umiłowania własnego piękna, jego mądrość została zdeprawowana. W pierwotnym stanie zajmował miejsce w pobliżu tronu Bożego.

„Obok cheruba, który bronił wstępu, postawiłem cię; byłeś na świętej górze Bożej, przechadzałeś się pośród kamieni ognistych. Nienagannym byłeś w postępowaniu swoim od dnia, gdy zostałeś stworzony, aż dotąd, gdy odkryto u ciebie niegodziwość" (Ez 12,14-15).

Niegodziwością było pragnienie zastąpienia Boga i pozbycia się Go; dążenie do usunięcia Boga, by móc robić, to na co ma się ochotę i stanowić ostateczną władzę w swoim życiu. Także dzisiaj jest to podstawa każdego grzechu.

W wierszu 16 czytamy: „Przy rozległym swoim handlu napełniłeś swoje wnętrze gwałtem i zgrzeszyłeś". A potem następują słowa: „Wtedy to wypędziłem cię z góry Bożej". W wierszu 17 czytamy: „Twoje serce było wyniosłe z powodu twojej piękności". Zauważmy, że nie zostało napisane, iż jego piękno zostało usunięte. „Zniweczyłeś swoją mądrość skutkiem swojej świetności. Zrzuciłem cię na ziemię...".

W innych tłumaczeniach czytamy: „rzuciłem cię na ziemię" albo „uderzę cię o ziemię". Jezus widział szatana, który spadał jak błyskawica z nieba. Musiało to wyglądać dosyć dramatycznie. Został strącony, wypędzony z Bożej obecności i z Jego świętej góry, zrzucony z nieba na ziemię i zabrał ze sobą swoich aniołów.

Odcięty od miłości Bożej

Nie wiem, jak wygląda niebo. Nie byłem tam. Wiem tylko tyle, ile mówi na ten temat Biblia. W niebie nie ma słońca ani księżyca, ponieważ światłem jest sam Bóg. Bóg wypełnia niebiosa. A ponieważ Bóg jest miłością, to oznacza, że niebiosa wypełnia miłość.

Wyobraźmy sobie, jak to wygląda. Będziemy żyć w środowisku,

w którym każdy oddech będzie napełnianiem się płynną miłością. Będziemy żyć wiecznie w środowisku totalnej miłości. Nie będzie odrzucenia, ponieważ każda sekunda tchnąć będzie pełną akceptacją. Miłością absolutną i wszechogarniającą.

Niebo jest nie tylko wypełnione miłością. Wypełnione jest konkretną i określoną miłością. Wypełnione jest miłością ojcowską, ponieważ Bóg jest Ojcem. Z Niego narodziło się wszystko, co istnieje. My niczego nie możemy zainicjować. To On zainicjował nasze zbawienie, a my tylko odpowiedzieliśmy na zaproszenie. On zainicjował stworzenie, a my weszliśmy we wszystko, co nam dał. Z natury i w swojej istocie Bóg jest ojcem. Nie stał się nim. Przede wszystkim i ponad wszystko, w najgłębszym sensie Jego miłość jest miłością ojcowską.

Szatan odrzuciwszy Boga jako ojca, został wyrzucony z nieba i oddzielony od wszelkiego ojcostwa. Chciał żyć bez ojca. Kwintesencja jego istoty to brak ojca. Szatan jest sierotą i chce być sierotą. Dlatego nie ma dla niego odkupienia. Miał doskonałe objawienie tego, kim jest Bóg i postanowił Go odrzucić. Strącony na ziemię, stał się duchem sierocym.

Apostoł otrzymał zrozumienie tego, o czym mówię. W Liście do Efezjan 2,2 napisał: „W których niegdyś chodziliście według mody tego świata, naśladując władcę, który rządzi w powietrzu, ducha, który teraz działa w synach opornych". Innymi słowy, zanim stałeś się chrześcijaninem, działał w tobie duch, który wciągał cię w system tego świata. W tym świecie grzeszyłeś, żyjąc niezgodnie z Bożym planem i musiałeś doświadczyć ożywienia. Władca, który rządzi w powietrzu, prowadził cię drogą nieposłuszeństwa i osierocenia.

Świat to sierociniec

Gdy zrozumiemy, że szatan to duch osierocenia, widzimy, że styl funkcjonowania tego świata to tak naprawdę styl sieroty. Szatan oszukał cały świat. Poprowadził nas drogą swojego systemu wartości, tak aby cały system świata funkcjonował zgodnie z duchem sierocym. Mówi się, że grzech to „chybienie celu". W istocie, oznacza to rozminięcie się z Ojcem i prowadzenie życia sieroty.

Rozważmy, jak wygląda życie sieroty w sierocińcu, a jak życie syna w dobrym domu z kochającymi rodzicami. To ogromna różnica.

Pozwólcie, że przedstawię pewne cechy charakterystyczne stanu osierocenia. Podstawowa cecha osierocenia to fakt, że sierota nie ma nazwiska. Często zmienia się nazwisko sierot albo zostają porzucone, zanim ktoś pozna ich tożsamość. Nie mają historii, nie wiedzą, skąd pochodzą. Ich nazwisko nic dla nich nie znaczy. Gdy wychowujesz się w dobrej rodzinie, nosisz nazwisko swojego ojca oraz ojca twojego ojca i tak dalej. Dzielisz nazwisko z braćmi i siostrami. Macie poczucie rodzinnej tożsamości, którą niesie nazwisko. W świecie widzimy ludzi, którzy starają się wyrobić sobie nazwisko, starają się o sławę, próbując osiągnąć coś, co da im znaczenie w społeczeństwie. Osierocenie nie dotyczy tylko świata. To podstawowy stan ludzkiego serca.

Osierocenie pojawia się nawet w kościele. Widzimy usługujących, którzy starają się wyrobić sobie nazwisko, wykonać ważną pracę, angażować się w znaczącą służbę. Pamiętam, że sam miałem takie ambicje. Za takim działaniem kryje się przekonanie, że jeśli robię coś znaczącego, to sam jestem ważny. W świecie istnieje takie powiedzenie: Jeśli chcesz być ważny, to zacznij robić coś ważnego. To charakterystyka sieroty. Syn i córka znajdują swoje znaczenie w rodzinie, w fakcie, że są kochani i hołubieni za to, kim są.

Inną cechą charakterystyczną sierot jest to, że nikt im nic nie daje. Nie otrzymują prezentów na Boże Narodzenie ani na urodziny. Jeśli dostaną prezent, to przypadkowy, otrzymany przez sierociniec. Tylko przypadkowo może otrzymać coś, czego naprawdę chce. Może mały chłopiec pragnie dostać łódkę, a dostaje samochodzik. Przypadkowy podarunek, bez żadnego osobistego znaczenia. Dla sieroty Boże Narodzenie lub urodziny nie mają znaczenia. Sierota uczy się lekcji, że niczego nie dostaniesz za darmo. To jeden ze znaków rozpoznawczych tego świata. Musisz liczyć tylko na siebie, nikt ci nic nie da za darmo. Nie ma darmowych obiadów, zatroszcz się o siebie.

Sierota nie otrzyma spadku, musi więc walczyć, żeby coś dostać. Nie pozwól, żeby ktoś ci to zabrał, bo z pewnością ktoś będzie próbował. Tak wygląda życie w sierocińcu. Silniejsi chłopcy odbierają jedzenie słabszym. Świat działa w ten sposób. Spójrzcie tylko na nasz system finansowy. Ludzie mówią: To biznes, nie ma w tym nic osobistego. Ale osoba tracąca odczuwa to bardzo osobiście. Sierocie bardzo trudno okazać hojność, ponieważ nie wierzy, że sama coś otrzyma. Jeśli da, to straci. Z drugiej strony syn patrzy inaczej: Mój ojciec jest bardzo hojny i bardzo bogaty, dlatego rozdaje podarunki.

Ten świat jest rządzony przez system sierocy. Czy wiecie, na przykład, że demokracja nie działa według zasad Królestwa Bożego? Demokracja jest może najlepszym sposobem, w jaki sieroty rządzą sierotami w upadłym świecie, ale to ciągle sierocy system. Bóg tak nie włada swoim królestwem. Niestety wiele kościołów prowadzonych jest zgodnie z zasadami demokracji. Jeśli przywództwo kościoła ma sieroce serce, cała służba będzie się cechowała osieroceniem. Ten duch przenika wszystko.

Weźmy inny przykład: kapitalizm. Kapitalizm to być może najlepszy sposób, w jaki sierota handluje z sierotą, ale nie jest to system oparty na sprawiedliwości. Opiera się na sierocych zasadach kupowania i sprzedawania z jak największym zyskiem, bez względu na to, czy to uczciwe czy nie. Królestwo Boże opiera się na zasadzie dawania wszystkiego, co masz i otrzymywania wszystkiego od Boga. Jeśli ktoś przymusza cię, żebyś szedł z nim milę, idź dalej. Jeśli ktoś uderzy cię w jeden policzek, nadstaw mu drugi. Jeśli ktoś zabierze ci suknię, oddaj mu płaszcz.

Nie wypowiadam się przeciw biznesowi. Nie wypowiadam się przeciw osiąganiu zysków. W ten sposób działa świat, a my musimy w nim funkcjonować. Musimy jednak pamiętać, że nie są to sposoby działania Królestwa Bożego. W Królestwie Bożym obowiązują inne wartości. A my, na ile możemy, powinniśmy działać zgodnie z Bożym Królestwem, zgodnie z jego zasadami. Budżet niektórych kościołów opiera się całkowicie na zasadach kapitalizmu i bardzo je wiąże. Bóg może uczynić więcej ponad to, co myślimy. Jeśli ograniczamy nasze myślenie do tego, co może działać w systemie kapitalistycznym, to ograniczamy Boga. Gdy wierzymy w Boże zaopatrzenie i w Jego system finansowy, wychodzimy z sierocego systemu i wkraczamy w synostwo!

Różnica między tym, co jest chrześcijaństwem i tym, co nim nie jest sprowadza się do różnicy między synostwem a osieroceniem.

Wyimaginowana podróż

Chcę was ze sobą zabrać w krótką, wymyśloną podróż. Wyobraźmy sobie, jak to było zaraz po stworzeniu Adama. W 1

Księdze Mojżeszowej 2 znajdujemy tylko kilka słów na ten temat. „Ukształtował Pan Bóg człowieka z prochu ziemi i tchnął w nozdrza jego dech życia. Wtedy stał się człowiek istotą żywą" (1Mjż 2,7). Wyobraź sobie, że jesteś aniołem, który przygląda się Bogu stwarzającemu świat. Jakby to mogło wyglądać?

Często zastanawiałem się, dlaczego Bóg nie stworzył człowieka pierwszego dnia, żeby mógł przyglądać się procesowi tworzenia. Byłoby to niesamowite, prawda? Dlaczego Bóg czekał aż do popołudnia szóstego dnia, żeby stworzyć człowieka? Jedyny powód, jaki mi przychodzi do głowy, jest taki: Bóg nie chciał, żeby człowiek znał go jako pracującego ojca. Gdyby człowiek był świadkiem aktu stworzenia, mogłoby to wyrobić w nim dążenie do osiągnięć. Zostaliśmy stworzeni do Bożego odpoczynku i dopóki nie znajdziemy się w odpoczynku, nasza relacja z Nim będzie utrudniona. Dlatego czytamy w Piśmie Świętym: „Uspokójcie się, a wiedzcie, żem Ja Bóg" (Ps 46,11) [BG].

Bóg ukształtował człowieka. Wszystko inne stworzył przez moc wypowiedzianego słowa, ale człowieka sam ukształtował z prochu ziemi. Musiał być taki moment, gdy aniołowie wydali okrzyk zdumienia, gdy zrozumieli, iż Bóg tworzy kopię samego siebie. Powstała doskonała istota.

Bóg formował człowieka i nadszedł taki moment, kiedy jego ciało zostało ukończone. Było to doskonale ukształtowane ciało dorosłego mężczyzny, ale bez życia. Wtedy Bóg tchnął w nozdrza człowieka. Żeby na kogoś tchnąć, trzeba się do niego bardzo zbliżyć. Gdybyście patrzyli na taką scenę, jakby to wyglądało? Wyglądałoby to tak, jakby Bóg całował Adama.

Gdy matka trzyma swoje nowo narodzone dziecko, patrzy na

nie z absolutnym podziwem i zdumieniem. Zapomina o bólach porodu, czuje tylko miłość, czułość i podziw. Nie ma chyba kobiety, która tak się nie czuła po urodzeniu pierwszego dziecka. Kobieta wie, jak niezwykły cud się dokonał.

Bóg Ojciec jest prototypem wszelkiego rodzicielstwa. Jest najlepszym rodzicem, a my jesteśmy Jego kopiami. Gdy Bóg tchnął dech w nozdrza Adama, rodził swojego syna. Wyobrażam sobie, że był to najbardziej niesamowity moment w historii. Gdybyście się temu przyglądali, zobaczylibyście całą miłość i czułość Ojca na Jego twarzy.

Co zobaczylibyście, patrząc na Adama? Zobaczylibyście, jak jego klatka piersiowa unosi się i opada przy pierwszym oddechu. Potem zaczyna bić jego serce. Ciało nabiera koloru, gdy krew dociera do mięśni, tkanek i skóry. Zaczyna działać cały organizm. Gdy mięśnie otrzymują tlen, zaobserwowalibyśmy delikatne ruchy palców u rąk i u nóg oraz drgnienia powiek. Części ciała zaczynają się poruszać, ponieważ ciało ożywa. Ożywa nie tylko ciało, ale zaczyna działać mózg. Jak wygląda działanie mózgu, gdy nie ma o czym myśleć? Funkcjonuje ośrodek pamięci, ale nie ma wspomnień! Żadnych! Adam miał swoją osobowość, ale nie było jeszcze żadnego wkładu. Podobnie jak w przypadku komputera, który jest włączony, ale brakuje mu systemu operacyjnego. Jest po prostu pusty.

A potem nadeszła chwila, gdy Adam otrzymał pierwszy bodziec. Jak myślicie, co to było? Co sprawiło, że dotarł do niego pierwszy bodziec? Myślę, że był to moment, gdy otworzył oczy. A gdy je otworzył, to, jak myślicie, na co patrzył? Pamiętajmy, że miłość wyrażamy przez dotyk, ton głosu i spojrzenie. A oczy są zwierciadłem duszy.

Adam powoli otwierał oczy. Myślicie, że w tej chwili Ojciec poszedł czytać gazetę, oglądać telewizję albo grać w nogę? W żadnym wypadku! Ojciec kochał swojego syna w chwili, gdy powoływał go do istnienia. Bóg nie jest ojcem w niepełnym wymiarze godzin. On jest przy swoim dziecku cały czas. My możemy być zajęci innymi sprawami, ale Boga nie zajmuje nic innego oprócz nas! Gdy Adam otworzył oczy, znalazł się pod Niagarą miłości Ojca. Otrzymał całą miłość, jaka wypełnia wszechświat. Cóż za niesłychana myśl! Nie potrafię sobie wyobrazić, jak się czuł, gdy jego pierwszym przeżyciem było doświadczenie pełni miłości Wszechmogącego Boga. Adam wiedział, że Bóg kocha go całkowicie i totalnie.

Sądziłem, że jestem jedynym człowiekiem, któremu przyszło to na myśl, ale pewnego dnia uświadomiłem sobie, że rozumiał to także apostoł Paweł. Gdy dotarł do mnie prawdziwy sens tego wersetu, pomyślałem: Paweł, ty stary draniu! Ty też o tym wiedziałeś! Zobaczmy, co Paweł pisze:

„Dlatego zginam kolana moje przed Ojcem, od którego wszelkie ojcostwo na niebie i na ziemi bierze swoje imię, by sprawił według bogactwa chwały swojej, żebyście byli przez Ducha jego mocą utwierdzeni w wewnętrznym człowieku, żeby Chrystus przez wiarę zamieszkał w sercach waszych, a wy, wkorzenieni i ugruntowani w miłości, zdołali pojąć ze wszystkimi świętymi, jaka jest szerokość i długość, i wysokość, i głębokość, i mogli poznać miłość Chrystusową, która przewyższa wszelkie poznanie, abyście zostali wypełnieni całkowicie pełnią Bożą" (Ef 3,14-19).

Wkorzenieni i ugruntowani w miłości. Fundament życia Adama był wkorzeniony i ugruntowany w miłości. Czyż to nie wspaniałe? Dziedzictwem każdego chrześcijanina jest otwarcie oczu na niewiarygodną miłość Ojca do nas. Nie jest to dodatek do chrześcijaństwa. To fundament! Nie jest to, że tak powiem, nowa książka na półce. To sama półka! To nie jakieś nowe przeżycie dodane do innych przeżyć. To podstawa wszystkiego! Podstawowe stwierdzenie, które interpretuje wszystko inne, brzmi: Ojciec mnie kocha.

Kilka lat temu po nabożeństwie podszedł do mnie pewien człowiek i powiedział: James, mówisz, że podstawą jest miłość Ojca, ale przecież to Krzyż jest podstawą, prawda? Nigdy wcześniej nie zadano mi takiego pytania i nie zastanawiałem się nad nim. Ale w ułamku sekundy dostrzegłem coś i odpowiedziałem: Krzyż jest wyrazem miłości Ojca. Miłość Ojca nie jest wyrazem Krzyża.

Pozwólcie, że ujmę to w następujący sposób. Gdy rodzisz się na nowo, nurkujesz w studni zbawienia i doświadczasz miłości Jezusa. Nurkujesz głębiej i zostajesz obmyty krwią Jezusa! Nurkujesz głębiej i On staje się twoim Panem! Zanurzasz się coraz głębiej i zostajesz wypełniony Duchem Świętym! Jeszcze głębiej i zaczynasz funkcjonować w dziedzinie cudów. Idziesz dalej i wchodzisz w służbę i namaszczenie! Głębiej i głębiej zanurzasz się w usprawiedliwienie i uświęcenie. I w końcu docierasz do dna studni, z którego wszystko wypływa. Miłość Ojca. Właśnie! On jest Źródłem. Jego miłość poprzedza każdą inną miłość.

Raj

Adam od chwili, gdy otworzył oczy, był wkorzeniony i ugruntowany w miłości. Potem Bóg stworzył mu żonę. Na początku nie miała osobnego imienia. Oboje nazywali się Adam. Miłość to jedność. Adam i Ewa mieli tę jedność, jak również pragnienie, żeby być zawsze razem w jedności. Bóg stworzył wspaniałe środowisko, w którym ich umieścił.

Adam i Ewa żyli w ogrodzie przesiąknięci całkowicie miłością Ojca. Obcowali z Nim każdego dnia. Musimy pamiętać, że więź między Bogiem a Adamem była więzią między ojcem a synem. Pismo nazywa Adama „synem Bożym". Próbowałem sobie wyobrazić, jak wyglądało ich życie, ale nie potrafię tego pojąć. Żyli w ustawicznym pokoju. Pokoju głębszym niż zwykły pokój. Nie było nawet słowa na określenie pokoju, ponieważ nie było jego przeciwieństwa. Żyli w pełnej i całkowitej radości. Można by było usiąść z nimi i wyjaśniać czym jest niepewność, a oni i tak nie mieliby pojęcia, o czym mówimy. Lęk pozostawał całkowicie poza zasięgiem ich zrozumienia. Życie w ogrodzie Eden było pełne niewinności, ale pod każdym innym względem było uosobieniem dojrzałości. My dążymy do tego, co oni posiadali w sposób naturalny.

Wiemy, że szatan zastawił na nich pułapkę. A kiedy szatan zastawia pułapkę, to robi to dobrze. W młodości pracowałem jakiś czas jako traper, sprzedając skóry zwierząt, żeby się utrzymać. Zastawiałem w lesie wiele pułapek i wiem, że musiały one wyglądać bardzo atrakcyjnie. Nie złapie się niczego, jeśli zwierzę jest w stanie rozpoznać, że pułapka to coś niebezpiecznego. Musi ona wyglądać lepiej niż normalne otoczenie i wydawać się bardziej pociągająca. Wtedy zwierzyna sama pcha się w pułapkę.

Pierwszym elementem pułapki zastawionej przez szatana była obietnica skierowana do kobiety, że jeśli zje z drzewa, stanie się jak Bóg. Ewa kochała Boga. Wielu z nas zdarzyło się prosić Boga, żeby uczynił nas bardziej podobnymi do Jezusa. Dlaczego się tak modlimy? Bo Go kochamy! Miłość pragnie być podobna do obiektu miłości. Oczywiście, że kobieta zainteresowała się obietnicą szatana. Chciała być taka jak Ojciec. Kochała Boga.

Potem szatan pokazał jej, że owoc jest piękny. Wiem, że kobiety kochają piękno. Mieszkałem w domach z samymi mężczyznami i te domy nie były piękne, najwyżej funkcjonalne. Kobiety kochają piękno.

Ewa popatrzyła na owoc i zobaczyła, że jest piękny. Dostrzegła, że był dobry do jedzenia i odżywczy. Odżywianie to produkowanie i dostarczanie dobrego jedzenia. Może być wyrazem miłości i troski o rodzinę. Ewa wyciągnęła rękę, zerwała owoc i zjadła. Co się stało, gdy zjadła owoc? Absolutnie nic.

Adam i Ewa byli tak zjednoczeni, że nawet zgrzeszyć nie mogli indywidualnie. Dopiero kiedy zjadł także Adam, oczy obojga otworzyły się a pułapka zatrzasnęła... TRACH! Nie było powrotu. Nie mogli uciec. Skutki zostały zacementowane. Nie sądzę, żeby wcześniej mieli pojęcie, jakie będą skutki ich działania. Wiedzieli, że jeśli zjedzą owoc, umrą, ale prawdopodobnie była to w ich przypadku najmniej istotna z konsekwencji.

Zniknęła ich jedność. „I nazwał Adam żonę swoją Ewa, gdyż ona była matką wszystkich żyjących" (1Mjż 3,20). W tym momencie Ewa otrzymuje oddzielne imię. Stają się dwojgiem, podczas gdy wcześniej byli jednością. C.S. Lewis pisze, że tego dnia między płciami pojawił się miecz, miecz nieprzyjaźni między mężczyzną a kobietą, który jeszcze musi zostać usunięty. Bóg zrobił im tuniki ze skóry i przyodział ich. Stali się świadkami przelewu krwi. „I rzekł Pan Bóg: Oto człowiek stał się taki jak my: zna dobroi zło. Byleby tylko nie wyciągnął teraz ręki swej i nie zerwał owocu także z drzewa życia, i nie zjadł, a potem żył na wieki!" (1Mjż 3,22). A potem wypędził ich z ogrodu.

Zostali schwytani w pułapkę. Ich władcą stał się teraz grzech. Problem grzechu polega na tym, że przejmuje nad tobą władzę i sam mu się nie wymkniesz. Grzech staje się twoim panem. Moc grzechu może zostać złamana jedynie przez krew Jezusa. Nie można złamać mocy grzechu, postanawiając inaczej żyć. Jednak gdy skorzystamy z krwi Jezusa, zostajemy wyzwoleni z kontroli grzechu. Adam i Ewa popełnili grzech, ale krew Jezusa jeszcze nie została przelana.

Dwie przerażające opcje

Bóg musiał podjąć niesamowitą decyzję. Pamiętajmy, że kochał ludzi i pragnął dla nich tego, co najlepsze. Jednak ludzie ruszyli ścieżką, która dawała tylko dwie możliwości. Bóg mógł ich albo odesłać, albo zostawić w ogrodzie, w którym żyliby na wieki jako grzesznicy.

Bóg patrzył na Adama i Ewę, gdy spoczął na nich ciężar ich grzechu. Od tej pory mieli coraz bardziej pogrążać się w rozpaczy, niosąc narastające brzemię win. Ich osobowość miała ulec wewnętrznemu zepsuciu, wypełniając ich chciwością, niepewnością i lękiem. Jedyne co mi przychodzi na myśl, a co może w pewnym stopniu oddać ich sytuację, to postać Golluma z filmu *Władca pierścieni*. Gollum znalazł przedmiot pełny potężnego zła. Nie był w stanie z niego zrezygnować, chociaż pierścień niszczył jego osobowość. W końcu stał się groteskową, podobną do robaka istotą, pozbawioną pierwotnego sensu istnienia. Stopniowo staczał się coraz bardziej.

Myślę, że kiedy Bóg popatrzył na Adama i Ewę, dostrzegł, że proces degradacji już się rozpoczął. Serce Ojca zawołało: Nie mogę pozwolić, żeby to trwało na wieki! Za dziesięć tysięcy lat będą ciągle żyć i ciągle się staczać! Nie możemy pozwolić im zjeść z drzewa życia. Musimy wypędzić ich z ogrodu. Nie mogą mieć dostępu do drzewa! Dlatego powiedział im: To koniec. Musicie odejść!

Jak czuli się Adam i Ewa, gdy usłyszeli te surowe słowa, trudno sobie nawet wyobrazić. Nie mogli winić Boga za swoje położenie. Świadomość, że sami sprowadzili to na siebie, tylko pogłębiała ich rozpacz. Bóg przyszedł do nich jako kochający Ojciec. Nie wypędzał ich z powodu odwetu czy kary. Odesłanie było wyborem mniejszego zła. Gdy Bóg ich wypędził, Adam i Ewa byli prawdopodobnie najbardziej zrozpaczonymi ludźmi, jakich świat kiedykolwiek widział.

Dwie rzeczy decydują o tym, jak wielkiego bólu doświadczysz, gdy ktoś złamie ci serce. Po pierwsze im większej miłości doświadczyłeś, tym większy będzie ból. Adam i Ewa byli kochani największą miłością we wszechświecie! Po drugie jeśli twoje serce zostało wcześniej zranione, to zazwyczaj następnym razem jesteś ostrożniejszy. Adam i Ewa nigdy wcześniej nie zaznali bólu. Nie wiedzieli, czym jest ból. A teraz, myślę, doświadczali największego możliwego emocjonalnego bólu. Bóg popychał ich w stronę bramy ogrodu. Wydaje się, że nogi uginały się pod Adamem i Ewą i Ojciec musiał ich wypchnąć na zewnątrz. Nie zrobił tego, by ich ukarać. Nie zrobił tego, ponieważ ich odrzucał. Zrobił to, ponieważ ich kochał.

Bóg nie zrobił nigdy niczego, co nie byłoby wyrazem Jego miłości. Wypędził ich z ogrodu, bo ich kochał. Wyobrażam sobie, jak ciągnęli za sobą nogi, próbując przedłużyć chwile w ogrodzie, ponieważ po raz pierwszy w życiu doświadczali strachu. Jak będzie wyglądać nasze życie na zewnątrz? Co Bóg miał na myśli, mówiąc, że ziemia będzie rodzić ciernie i osty i że będą musieli pracować w pocie czoła? To oznaczało, że Bóg nie będzie ich już zaopatrywał! W ogrodzie było wszystko, czego potrzebowali! Jak będą teraz żyć? Będą musieli stworzyć sobie swoje życie. Już nigdy nie ujrzą Go w taki sam sposób. Skończyło się znajome życie!

Rodzaj ludzki zostaje osierocony

Gdy Bóg wypędzał ich z ogrodu, tak naprawdę oddalał ich od możliwości doświadczania Jego miłości. Nigdy więcej nie doznają Jego miłości. Grzech zawsze tworzy oddzielenie, a teraz ich grzech oddzielił ich od Boga. Opuszczając ogród, musieli wiedzieć, że skończyła się taka więź z Bogiem, jaką dotychczas znali. Odchodząc z ogrodu, opuszczali środowisko miłości Ojca. Zostali wyrzuceni z nieba. Utracili ojca. Gdy wychodzili z ogrodu cały rodzaj ludzki, łącznie z tobą i mną, znajdował się w ich wnętrzu. W nich cały rodzaj ludzki został osierocony.

Wydarzyło się coś jeszcze bardziej złowrogiego, co pogorszyło tylko ich niedolę. Ten, który spadł z nieba jak błyskawica, zaczął ich zwodzić. Powstało bezbożne przymierze między duchem sierocym wyrzuconym z nieba a osieroconymi mężczyzną i kobietą, którzy nie mieli pojęcia, jak żyć poza ogrodem. W ten sposób szatan zaczął wprowadzać ludzi w zwiedzenie, które trwa przez całą historię aż po dziś dzień. Wszyscy chodziliśmy według jego mody, jak napisano w Liście do Efezjan 2,2. Świat stał się społeczeństwem sierot. Nie zmieni tego zbawienie, napełnienie Duchem Świętym i bliskie poznanie Jezusa. Tylko Ojciec może położyć kres osieroceniu.

Przez długi czas nawet nie zastanawiałem się nad tym, co to wszystko oznaczało dla Boga. Kochał ich rodzicielską miłością i wiedział, co się stanie. Wiedział, że chciwość opanuje serce człowieka i wszyscy zwrócą się przeciw swoim współbraciom. Widział miecz między płciami, niewidzialną barierę między mężczyzną a jego żoną, gdy opuszczali ogród. Byli teraz sierotami w najpełniejszym znaczeniu tego słowa.

Kilka lat temu odwiedziłem Petersburg w Rosji. Był listopad, panował chłód. Pewnego wieczoru w czasie spaceru obok mnie przebiegł mały chłopiec, około dziewięcioletni. Miał na sobie tylko bawełniane szorty i bawełnianą koszulkę z krótkimi rękawami. Był bosy, stopy miał brudne, długie włosy. Na ramieniu niósł małą torbę pełną chrustu. Sądzę, że biegł rozpalić gdzieś ognisko, żeby się rozgrzać. Gdy mnie minął, zatrzymał się i spojrzał na mnie przez ramię. Nigdy nie zapomnę jego twarzy. Ten mały chłopiec miał twarz mężczyzny w średnim wieku! Wyraz jego twarzy mówił: I co mi zrobisz? Potem chłopiec odwrócił się i pobiegł dalej. Na całym świecie jest mnóstwo takich dzieci, cierpiących ponad ludzkie wyobrażenie.

Ojciec wiedział, jak będzie wyglądało życie Adama i Ewy, gdy patrzył, jak wyruszają w swoją sierocą drogę. Ale wiedział też, że to lepsze rozwiązanie niż życie wieczne w ustawicznej degeneracji. Sądzę, że w sercu Ojca zaczął wzbierać wielki płacz. Płacz udręki. Jako ojciec wiem jedno. Gdy cierpią moje dzieci, wolałbym być na ich miejscu. Trudniej jest patrzeć na cierpienie swoich dzieci, niż samemu cierpieć. Nie można znieść widoku udręki własnych dzieci, gdy nie można nic zrobić. A oto tutaj Ojciec wysyła swoje dzieci, wiedząc, że nieuchronnie w ich życiu pojawi się cierpienie. Wierzę, że w głębi Jego istoty zrodził się płacz. Gdy świat trwał, a cierpienie wzmagało się, ten płacz stawał się coraz bardziej intensywny. Bóg widział wszystkie swoje dzieci, cały rodzaj ludzki, pogrążony w cierpieniu. Jego ojcowskie serce wyrywało się do nich. Wiedział, że już niedługo zapomną, że On istnieje i że ich kocha.

Ojcowski plan ratunku

Z powodu serca wypełnionego ogromnym współczuciem Bóg posyłał ludzi, którzy mówili im o Jego miłości. Wysyłał prawodawców i sędziów. Posyłał królów i kapłanów, by wyrażali uczucia Jego serca oraz sposoby życia w wolności od cierpienia. Powołał cały naród, żeby był Jego świadectwem, ale to nie wystarczało. Rodzaj ludzki pogrążał się w osieroconym życiu wypełnionym cierpieniem, doświadczając niezwykłego poziomu osamotnienia i załamania. Widział, jak cierpią Jego dzieci, a w Jego sercu wzbierał wielki płacz. Posyłał proroków. Posyłał matki Izraela. Posyłał psalmistów i poetów, którzy elokwentnie wypowiadali Jego słowa. Nikt z nich nie potrafił doskonale wyrazić Jego serca. Ani jedna osoba!

W końcu posłał swojego Syna, który był Jego doskonałym reprezentantem, Jego dokładnym odbiciem. Jego Syn miał nie tylko mówić to, co chciał Bóg, ale mówić dokładnie w taki sposób, jak On chciał. Posłał Jezusa! Jezus, Syn, przyszedł na świat, pozostając w całkowitym oddzieleniu od jego sierocego systemu i rozpoczął swoje życie jako Syn. Był wolny od sierocego zwiedzenia, które skaziło cały rodzaj ludzki. Przyszedł jako Syn! Jego słowa wypływające z faktu, że miał doskonałego Ojca, zadziwiły świat. Wolny od skutków grzechu mógł przynieść wolność innym. Rozdawał wolność od choroby i wolność od szatana. Mógł zapewnić grzeszników, że ich grzechy zostały przebaczone. Nakazywał chromemu wstać i chodzić. Pluł w oczy niewidomym i odchodzili widząc. Przybył na ziemię całkowicie wolny od osieroconej upadłej natury świata, żeby pokazać, jaki jest Ojciec, żeby przywrócić światu świadomość, że Ojciec nas kocha.

Pod koniec swojego życia, zanim został zabity przez świat, mógł w końcu powiedzieć, co gotowało się w sercu Ojca jak wulkan od pokoleń. W końcu mógł wyrazić to, co Ojciec chciał wyrazić. Wyrazić wołanie, które było w sercu Ojca od chwili, gdy Adam i Ewa opuścili ogród, by rozpocząć życie w osieroceniu, zwiedzeni przez sierocego ducha, który został wieki temu wyrzucony z nieba.

W końcu Jezus mógł wyrazić prosto z serca Ojca słowa, które przekazał mu Ojciec i wyrazić je w taki sposób, jak On chciał.

„Nie zostawię was sierotami, przyjdę do was" (J 14,18).

Gdy Ojciec widział Adama i Ewę wychodzących z ogrodu w stronę osierocenia, musiał pozostać na miejscu. Posłał jednak swojego Syna, żeby zniszczył wszystko, co stoi między Nim a nami i złożył nam obietnicę: „I będę wam Ojcem, a wy będziecie mi synami i córkami, mówi Pan Wszechmogący" (2Kor 6,18). Osierocenia, które stało się losem całego rodzaju ludzkiego, nie można wypędzić. Samo w sobie nie jest demoniczne. Jest to stan ludzkiego serca. Gdy jednak człowiek spotyka Ojca, nie jest już dłużej sierotą. I jego sieroce postępowanie zaczyna zanikać.

Jezus nie jest drzwiami, przez które możemy się dostać do nieba. On jest drzwiami, przez które przychodzi do nas Ojciec. Zasłona w świątyni rozdarła się od góry do dołu nie po to, byśmy my mogli wejść. Została rozdarta, żeby On mógł wyjść! On ją rozdarł i wyszedł. W tej chwili zawaliła się cała budowla religijna. Odeszło królestwo Izraela. Przed upływem czterdziestu lat świątynia została zniszczona, a królewska linia Dawida zniknęła! Ojciec wychodzi ze świątyni, żeby być ojcem dla całego świata!

Takie jest proste przesłanie ewangelii. To historia Ojca, który stracił swoje dzieci i chce je odzyskać.

On posłał swojego Syna, żeby doprowadził nas do domu. Powiedział: Synu, idź i przyprowadź ich do domu. Ktokolwiek zechce, przyprowadź go do domu! Praca Ducha Bożego polega na tym, że wyprowadza nas z osierocenia z powrotem do synostwa. Jezus przyszedł jako Syn, by stać się Drogą do Ojca. Gdy staniesz się synem, będziesz mógł coraz lepiej poznawać Ojca. To jest chrześcijaństwo! Czyż to nie wspaniałe? Aż trudno mi uwierzyć, że Bóg jest tak dobry! On jest zdeterminowany, żeby być dla nas Ojcem i wyprowadzić nas z osierocenia. Prowadzi nas, swoje dzieci, z powrotem do domu, do siebie.

ROZDZIAŁ 7

Tajemnica synostwa

~

Od kiedy zostałem chrześcijaninem, mówiono mi, że muszę dojrzewać i dorastać. W naszym chrześcijaństwie próbujemy stać się silni, wykształceni, kompetentni i pewni siebie. Natomiast Pan chce nauczyć nas na nowo dziecięcości. W świecie, żeby przeżyć i odnieść sukces, trzeba się wykształcić, ale w Bożym Królestwie musimy stać się jak małe dzieci. Przez lata bardzo ciężko pracowałem, aż w pewnej chwili zrozumiałem, o co tak naprawdę chodzi.

Pan radykalnie zmienił całe moje spojrzenie na życie chrześcijańskie. W wieku trzydziestu lat Denise i ja prowadziliśmy mały zbór w pewnym mieście w Nowej Zelandii. Był to nasz drugi kościół i byliśmy bardzo aktywni. Wieczory i weekendy poświęcaliśmy na rozmowy duszpasterskie z ludźmi. W pewnym okresie kładliśmy się spać dopiero po północy każdego dnia przez dwa tygodnie pod rząd. Mieliśmy też wtedy wizję budowy centrum służby. Nasz przyjaciel dostał ponad sto akrów ziemi. Przeprowadziliśmy się tam, żeby pomóc mu budować centrum. Wznosiliśmy domy, zakładaliśmy instalację elektryczną i kanalizację, jak również poprawialiśmy stan nawierzchni wiejskiej drogi prowadzącej do działki.

Potem Pan przemówił do nas, żebyśmy wybudowali tam duży dom z ośmioma sypialniami. Modliliśmy się o ćwierć miliona dolarów na wzniesienie domu. Ponadto zacząłem otrzymywać zaproszenia do usługi spoza Nowej Zelandii. Tak więc przez cztery lata byliśmy niezwykle zajęci wykonywaniem dzieła Pana. Od pobudki do chwili gdy wieczorem kładliśmy się spać (modliliśmy się o sny w nocy) żyliśmy, jedliśmy, spaliśmy w Królestwie Bożym. Oddychaliśmy Królestwem Bożym. Robiliśmy wszystko, co w naszej mocy, by wykonywać Boże dzieło.

A potem nagle nastąpiła zmiana. Pewnego ranka czekałem przy drzwiach wyjściowych na Denise. Wybieraliśmy się do kościoła. Denise zeszła z góry, usiadła na ostatnim schodku i rozpłakała się. Wszyscy, którzy znają Denise, wiedzą, że nie płacze bez powodu. Skoro płakała, musiało się dziać coś naprawdę złego. Czy ktoś do niej zadzwonił ze złą wiadomością? Płakała tak bardzo, że nie była w stanie powiedzieć mi, o co chodzi. Pytałem ją: Co się dzieje? Nie była w stanie odpowiedzieć. W końcu powiedziała: Nie jestem w stanie znowu stanąć przed tymi ludźmi.

Wypalenie

Po siedemnastu latach służenia Panu pełną parą byliśmy emocjonalnie wyczerpani. Przez te wszystkie lata żyliśmy, jedliśmy i oddychaliśmy służbą. Ja nauczałem w szkołach Młodzieży z Misją, modliliśmy się o pieniądze na wiele różnych projektów, przemawiałem w Azji Południowo-Wschodniej, Korei, Stanach i Kanadzie, jak również na wyspach południowego Pacyfiku. Cały wysiłek wkładaliśmy w służenie Panu, aż nagle doszliśmy do kresu sił.

Stało się to w 1988 roku. Stwierdziłem, że z Denise w takim stanie nie możemy kontynuować służby. Wtedy sądziłem, że ja mam się dobrze. Miałem zaproszenie, żeby przemawiać w szkołach Młodzieży z Misją w Australii, powiedzieliśmy więc kościołowi, że weźmiemy sześciomiesięczny urlop, wypełnimy zobowiązania w Australii i zrobimy sobie przerwę. Jednak gdy dotarliśmy do Australii, ja zacząłem płakać! Całymi godzinami siedziałem na kanapie, wpatrywałem się w podłogę, a z oczy płynęły mi łzy. Byliśmy emocjonalnie wyczerpani.

Mniej więcej w tym samym czasie przyjechali odwiedzić nas Ken Wright i jego żona Shirley. On mnie ochrzcił i uważałem, że to człowiek, o którym mógłbym powiedzieć Bogu, że jestem jego synem. Gdy wyjeżdżali do domu, Ken wsiadł do samochodu, opuścił szybę w samochodzie, żeby coś powiedzieć. Dobrze, że to zrobił w ten sposób, bo po tym, co mi powiedział, miałem ochotę go uderzyć. Z błyskiem w oku powiedział: Oczywiście wiesz, James, że tylko ciało może się wypalić. A my byliśmy wypaleni, zupełnie wyczerpani.

Gdy usłyszałem słowa Kena, zdenerwowałem się. – Przecież nie pracowałem w ciele! O wszystko się modliliśmy, żeby działać w mocy Ducha, wszystko robiliśmy w mocy Bożej! Jak mógł coś takiego powiedzieć? Problem polegał jednak na tym, że nie można było z nim absolutnie dyskutować. Nie mógłbym powiedzieć, że jestem wyczerpany, gdyby była to tylko praca Pańska wykonywana w Jego mocy. Jeśli doznajesz wypalenia, to jasna wskazówka, że w znacznej mierze ty sam wykonujesz tę pracę. Musiałem stawić czoła twardym faktom. Wszystko w moim życiu, jeśli chodzi o służenie Panu, było motywowane pragnieniem, żeby Bóg działał w swojej mocy i przez swojego Ducha. Ciągle śpiewaliśmy refren *Nie przez siłę ani moc, lecz przez mego Ducha, mówi Pan*. Odkryłem, że wielu ludzi śpiewało tę pieśń, a potem szli i wykonywali dzieło Boże w swojej mocy i sile. Śpiewanie piosenki niewiele zmieniało.

I tak z powodu nadmiaru pracy czuliśmy się całkowicie wyczerpani. Zrezygnowaliśmy ze służby na dwa lata. W nic się nie angażowaliśmy. Prawie przestaliśmy się liczyć. Denise sądziła, że już nigdy nie wrócimy do jakiegokolwiek rodzaju służby, a ja nie wiedziałem, co miałbym robić do końca życia, jeśli nie wrócę do służby. Przez dwa lata robiliśmy niewiele. Próbowaliśmy podejmować się różnych prac, ale trudno nam było wykonywać nawet najprostsze zadania. Logiczne myślenie przez pół godziny okazywało się bardzo trudne. Prosta czynność koszenia trawnika była dla mnie ekstremalnym wysiłkiem. Bardzo często po koszeniu czułem, że muszę położyć się spać. Nie dlatego, że byłem fizycznie zmęczony, ale ponieważ wysiłek wyczerpał mnie mentalnie.

W tym okresie dokonałem weryfikacji wielu aspektów chrześcijańskiego życia. Moim priorytetem było zawsze wypełniać wszystkie zobowiązania i obowiązki, w czasie prywatnej społeczności z Bogiem, w przygotowaniach do kazań i odwiedzaniu chorych. Gdy byłem pastorem, ludzie ciągle przychodzili do mojego biura i opowiadali o swoich problemach. Potem wychodzili już bez problemów, bo zostawiali je mnie i odtąd ja nosiłem ich kłopoty, a oni czuli się lepiej. To wszystko kumulowało się przez lata, aż w końcu nie byłem w stanie tego znieść. Zacząłem myśleć, że musi być lepszy sposób.

Presja, żeby wzrastać

Po kilku latach otrzymałem zaproszenie, żeby zostać pastorem małego charyzmatycznego kościoła baptystycznego w Auckland. Pojechałem ich odwiedzić i opowiedziałem o stanie mojego zdrowia. Powiedziałem, co mówił lekarz i moi najbliżsi przyjaciele. Odpowiedzieli: Nie prosimy cię o wiele. Jeśli będziesz w stanie poświęcić nam kilka dni w tygodniu, to będzie dobry początek. Byli dla nas bardzo miłosierni. Następne siedem lat spędziliśmy u nich. W tym czasie my doznaliśmy uzdrowienia i oni doznali uzdrowienia, ponieważ sami przeszli trudności, gdy poprzedni pastor i starsi ich opuścili. Udało nam się ponownie skupić uwagę ludzi na Bogu, zamiast na bolesnych sprawach. W tym wszystkim Bóg nas uzdrowił.

W 1994 roku usłyszałem o ożywieniu w Toronto i udałem się do Kanady. Bardzo poruszyło mnie to, co Bóg tam czynił. Miałem wrażenie, że Bóg tchnął we mnie nowe życie. Czułem błogosławieństwo Pana i wiedziałem, że to nowy początek. Potem w 1997 roku kupiliśmy bilet lotniczy na podróż dookoła świata, żeby towarzyszyć Jackowi Winterowi i zobaczyć, co Bóg będzie przez nas czynił. Przez następne cztery i pół roku nie rozpakowaliśmy walizek i do dzisiaj podróżujemy w ramach tej misji, prowadząc nowe życie.

Gdy się nawróciłem, dominujące poselstwo, którego byłem uczony, brzmiało mniej więcej tak:

Skoro zostałeś chrześcijaninem, musisz wzrastać w Panu. Musisz dojrzewać. Musisz zwyciężać, bracie! Cokolwiek się dzieje, musisz uzyskać przełom. Musisz szukać Boga i znaleźć Go w tej sytuacji. Musisz być zwycięzcą! Itp., itd.

Odczuwaliśmy nieustanną presję, żeby się rozwijać. W tamtym okresie śpiewaliśmy pewną pieśń, której nie cierpiałem. Znaczna część słów pochodziła bezpośrednio z Biblii, ale jedna linijka zmieniała sens cytatów biblijnych, które się w niej znajdowały. Przepraszam osobę, która ją napisała, ale słowa brzmiały mniej więcej tak: Jestem zdobywcą, jestem zwycięzcą, władam z Jezusem. Zasiadam z Nim w okręgach niebieskich. To biblijne teksty. Ale potem następowała linijka, której nie mogłem śpiewać. Brzmiała ona: Nie wiem, co to porażka, znam tylko siłę i moc. Wiem, że miało to być pozytywne wyznanie, ale było dla mnie kłamstwem, ponieważ przeżywałem w moim życiu wiele porażek. Były w nim nie tylko siła i moc.

Przesłanie to było ciągle podkreślane.

"Musisz pozytywnie mówić. Nie możesz dopuszczać do siebie negatywnych myśli, bo jesteś zwycięzcą! Musisz chodzić w wierze i trzymać się zwycięstwa. Musisz zebrać się w sobie, być kompetentny i pełen wiary. Musisz znać Słowo, słuchać wszystkich kazań, słuchać wszystkich kaznodziejów i przeczytać wszystkie książki. Musisz być poukładanym chrześcijaninem, dojrzałym Mężem Bożym!"

Używano wtedy takiego zwrotu: Skoro się nawróciłeś, ludzie muszą widzieć, że coś się zmieniło! Teraz rozumiem, że nawet jeśli komuś się to udało zrobić, zmiana obejmowała tylko to, co widzieli inni ludzie. Duża część naszego pozytywnego wyznawania była raczej wyrazem brawury niż wiary. Jeśli szczerze potrafimy powiedzieć, w jakim znajdujemy się miejscu, zamiast zaprzeczać rzeczywistości, możemy umocnić się duchowo. Nauczono nas wypierania, a wypieranie nie jest zwycięstwem.

Książę na białym koniu

Kilka lat temu miałem widzenie, które zmieniło moje życie. W wizji stałem na skraju bardzo starego lasu. Wiedziałem, że to stary las, bo rosły tam olbrzymie dęby o potężnych konarach. Las przypominał mi las Sherwood z historii o Robin Hoodzie. Stałem na ziemi w lesie. Gdy przyjrzałem się bliżej, zauważyłem, że stoję na pradawnej drodze, która nie była używana i zarosła trawą. Dostrzegłem jednak jej zarys wijący się między drzewami. Gdy tak stałem, dostrzegłem, że coś przybliża się ku mnie spomiędzy drzew.

Zbliżał się do mnie biały koń, na którym siedział średniowieczny rycerz. Miał na sobie wspaniałą lśniącą białą albo srebrną zbroję. Rycerz trzymał wzniesiony miecz, nie jak do ataku, tylko płaską stroną. Drugą rękę wyciągał do mnie. Najdziwniejsze, że w ogóle nie trzymał cugli! Gdy się zbliżył, zauważyłem, że koń tańczy. Kilka kroków w przód, kilka kroków w tył. Kilka w jeden bok, kilka w drugi bok. Powtarzał te ruchy wielokrotnie. Bez pośpiechu. Rycerz po prostu siedział na nim z podniesionymi rękoma, trzymając miecz.

Rycerz na tańczącym koniu powoli zbliżał się do mnie i zacząłem dostrzegać inne rzeczy. Z ciemnego lasu w kierunku drogi zaczęli iść ludzie. Blask światła otaczający konia i jeźdźca przeszywał ciemność lasu. Niektórzy ludzie płakali, inni się śmiali. Część z nich była poraniona, ci czołgali się w kierunku światła, a gdy do niego dotarli, wypełniała ich radość. Niektórzy tańczyli jak dzieci, trzymając się za ręce i wirując w kółkach. Inni klękali przy drodze z podniesionymi rękami tak jak rycerz i oddawali chwałę Bogu. Rycerz to nie był Bóg, ale niósł chwałę Pana, która promieniowała od niego i przeszywała ciemność lasu.

Nagle zauważyłem, że stoję na samym środku drogi. Nie musiałem się jednak niczego bać i nie miałem wrażenia, że powinienem zejść na bok, żeby ich przepuścić. Stałem dalej i wtedy koń podjechał do mnie i się zatrzymał. Twarz rycerza była zakryta przyłbicą. Wyglądało na to, że nie jest mną zainteresowany, nie zwraca na mnie uwagi. Siedział po prostu na koniu, nie wykonując żadnego ruchu. Wtedy intuicyjnie poczułem, że zaprasza mnie, żebym włożył stopę w strzemię, tam gdzie znajdowała się jego noga. Postawiłem więc stopę na jego stopie w strzemieniu i podciągnąłem się, żeby usiąść obok niego. Rycerz nie zmienił pozycji. Ciągle trzymał wzniesiony miecz i wyciągniętą rękę. Popatrzyłem na niego, ale nie mogłem dostrzec twarzy, ponieważ przyłbica była opuszczona, a szczelina tak wąska, że nic nie było widać.

Wyciągnąłem rękę, żeby podnieść przyłbicę i spojrzeć na jego twarz. Ale gdy ją podniosłem, okazało się, że on nie ma twarzy! Twarzy nie było. Zdjąłem więc hełm i ku mojemu zdumnieniu głowy nie było! Potem zajrzałem w głąb zbroi, a tam w środku siedział mały chłopiec – po prostu mały chłopiec! Na jego twarzy malował się szeroki uśmiech, jakby mówił: To najlepszy żart tego wieku! Siedzę na koniu, tańczymy, wokół mnie dzieją się te wszystkie rzeczy, ludzie przychodzą do Boga, doznają Bożego dotknięcia, nawracają się, są uzdrawiani i błogosławieni. Myślą, że jestem wielkim Bożym rycerzem. A ja jestem tylko małym chłopcem! Gdy to zobaczyłem, gdy ujrzałem twarz małego chłopca z szerokim uśmiechem, po raz pierwszy w życiu zacząłem rozumieć, na czym polega służba chrześcijańska.

Kościół to wspólne świętowanie

Przez lata kościół opisywano w różny sposób. Był przedstawiany jako armia. Ktoś nawet napisał książkę pt. *Oblubienica w glanach*. Choć nie czytałem książki, muszę przyznać, że tytuł mi się nie podoba. Wyobraźmy sobie ślub, rozbrzmiewa muzyka na wejście panny młodej. Nadchodzi panna młoda. Stuk, stuk, stuk. Goście weselni odwracają się, żeby zobaczyć wejście panny młodej, a ona tupie wojskowymi buciorami po kamiennej posadzce kościoła. Nie mogę uwierzyć w taki opis oblubienicy.

Uważaliśmy kościół za armię, w której wszyscy muszą równać krok i maszerować z wojskową precyzją. Kościół to bardziej zróżnicowane środowisko różnego rodzaju obdarowań i wolności, niż nam się wydawało. W kościele ludzie nie powinni być tacy sami. To miejsce, gdzie w pełni można wyrazić swoją indywidualność w doskonałej harmonii z innymi. Kościół to symfonia obdarowań pod batutą Ducha Świętego. Niektórzy opisywali kościół jako szpital, w którym wszyscy leżą w łóżkach i są leczeni. Takie wyobrażenie panuje w kręgach kościelnych, ale ja odkryłem prawdę. Chcecie wiedzieć, czym naprawdę jest kościół? Kościół to wspólne świętowanie.

Jako młody chrześcijanin byłem ustawicznie zachęcany do tego, by wychodzić do ludzi i zbawiać świat. Oczywiście, świat potrzebuje zbawienia! Odpowiedzią jest Jezus. Jednak to nie moja wiedza i moje zrozumienie (nawet nie chrześcijaństwo) zbawia świat. Gdy wyszedłem z fazy wypalenia, ludzie znów przychodzili do mnie ze swoimi problemami. Słuchając ich, mówiłem do siebie: To nie mój problem. Ja nie muszę go rozwiązać. Modliłem się, żeby Pan im pomógł i usłużył im, ponieważ ja nie mogę brać ich ciężaru na siebie. W życiu ludzi sprawy rozgrywają się głównie między Bogiem a nimi. Inni ludzie mogą pomóc, ale nie poniosą cię. Nauczyłem się unikać obciążenia takimi sprawami, a przybierać postawę małego dziecka.

Dziecięctwo

Odkryłem pewną szczególną cechę pobożnych ludzi. Najwspanialsi i najbardziej podobni do Chrystusa ludzie są równocześnie najbardziej podobni do dzieci. Jack Winter był pełen niesamowitej dziecięcości. Po prostu wierzył Biblii i w efekcie oglądał niezwykłe działanie Boże.

Jack miał wstawienniczkę Amy, która modliła się za niego, a potem wstawiała się za nami. Gdy ją poznałem, miała już ponad osiemdziesiąt lat. Przyleciała do Nowej Zelandii i modliła się za mnie językami przez dwa tygodnie po osiem godzin dziennie. To było jej zadanie. Przywiozła ze sobą przyjaciółkę. Wchodziły do pokoiku, zamykały drzwi, a potem zza tych drzwi dochodziły niesamowite dźwięki. Modliły się z wielkim autorytetem. Jednak gdy przerywała modlitwę i przychodziła, żeby zjeść lunch, była jak trzyletnia dziewczynka! Cały czas żartowała. Miło było z nią przebywać, a jej śmiech miał w sobie niewinność i czystość, żadnego wyrafinowania. Tak jak małe dziecko nie umie być wyrafinowane albo dostojne, tak i ona nie potrafiła. Była jak mała dziewczynka.

Tak często powtarzano nam, że musimy dorosnąć. Mówiono nam, że musimy być kompetentni i dojrzali, pełni wiary i mocy. Mówiono nam, że musimy wszystkiego się nauczyć i gromadzić wiedzę, żebyśmy potrafili udzielić odpowiedzi na pytania ludzi. Kaznodzieje powtarzali: Gdyby kościół naprawdę spełniał swoją rolę, to robilibyśmy to i to, ponieważ to my mamy naprawić ten świat. Wiecie, gdzie Bóg nas znalazł? Znalazł nas, niekiedy dosłownie, w rynsztokach, pod płotem i w bocznych zaułkach. Mieliśmy spaprane i zniszczone życie. Nie jesteśmy arystokratami tego świata. To nie my mieliśmy wszystko poukładane. Jesteśmy ludźmi bez nadziei, którzy nie potrafili niczego dobrze zrobić. Bóg znalazł mnie gdzieś pod drzewem na pustkowiu. Nie wiem, dlaczego mnie wybrał. Jestem wyrzutkiem. Dlaczego przyszedł i mnie znalazł?

Celem człowieka jest wielbić Boga i cieszyć się Nim na wieki, jak mówi Westminsterskie Wyznanie Wiary. Tyle wystarczy. Nie potrzebujemy niczego więcej. Odnosi się to do służby, jak również naszego osobistego życia. Chrześcijaństwo to nie droga do osiągnięcia kompetencji, ale raczej ścieżka do dziecięctwa. Im bardziej upodobnimy się do dzieci, tym będziemy bliżej Niego. A im będziemy bliżej, tym bardziej staniemy się podobni do dzieci. Jak myślicie, czy Jezus powiedział nam: „Jeśli się (...) nie staniecie jak dzieci, nie wejdziecie do Królestwa Niebios", a sam szedł inną drogą?

Dzieci umieją cieszyć się życiem. Kto ma więcej radości? Prawnik czy dziecko? Kto potrafi się szczerze śmiać? Architekt, policjant czy mała dziewczynka? Zawsze dziecko. Dlaczego? Ponieważ dzieci nie muszą się ciągle zastanawiać, czy są w stanie zrobić różne rzeczy w życiu. Dzieci zaśmiewają się do łez z rzeczy, które u nas nie wywołują nawet uśmiechu na twarzy. Mają niezwykłą zdolność cieszenia się chwilą. W wielu przypadkach chrześcijaństwo, jakie znamy, dodało powagi naszemu życiu. Chodzimy spięci, bojąc się, że zrobimy coś nie tak, że nie będziemy żyć właściwie. Nic dziwnego, że niechrześcijanin patrzy na nas i myśli: Nie chcę być taki jak on!

Jezus jest dziecięcy

Sam Jezus był wyjątkowo dziecięcy. W Mt 11,25 czytamy: „W on czas odpowiadając Jezus, rzekł: Wysławiam cię, Ojcze, Panie nieba i ziemi! żeś te rzeczy zakrył przed mądrymi i roztropnymi, a objawiłeś je niemowlątkom" [BG].

Wiele lat minęło, zanim zrozumiałem, że Jezus mówił o sobie. O jakich rzeczach jest tutaj mowa? Jezus mówi o rzeczach, których nauczał w poprzednich rozdziałach. Skoro nie zostały objawione mądrym i roztropnym, to komu zostały objawione? Zostały objawione Jezusowi. To on ich nauczał. Ojciec nauczył go tych rzeczy, ponieważ miał serce małego dziecka. Jezus powiedział: „Słowa, które do was mówię, nie od siebie mówię" (J 14,10). Innymi słowy: Ja nie rozpracowałem tego teologicznie. Nie mam zdania we wszystkich kwestiach doktrynalnych.

Powiedział też: „Nie może Syn sam od siebie nic czynić" (J 5,19). Nie powiedział: Syn niczego nie będzie czynił sam, tak jak niektórzy z nas odczytują ten fragment. Powiedział: „Nie może Syn sam od siebie nic czynić". Innymi słowy: Nie ma we mnie niczego, co pozwoliłby mi czynić te rzeczy i nauczać tych rzeczy, których nauczam. Cuda, które czynię, dzieją się przeze mnie, a nie ode mnie. Słowa, które wypowiadam, nie są moimi słowami. To Ojciec żyje przeze mnie i czyni to wszystko.

Nie powiedział: Syn nie chce niczego czynić sam od siebie. Ani nie powiedział: Syn postanowił niczego nie czynić sam od siebie. Powiedział: „Nie może Syn sam od siebie nic czynić". Cóż za niezwykłe stwierdzenie!

Z całym szacunkiem i bojaźnią formułuję to zdanie: Jezus był całkiem niekompetentny. Nie był dorosły i dojrzały! Zachował dziecięcość. Tak często w dzisiejszym kościele aspirujemy do tego, co mądre i roztropne. Jack Winter często mówił, że jest to objawienie niezwykle trudne do przyjęcia dla pastorów i liderów. Ponieważ sam byłem pastorem, dobrze rozumiem presję, pod jaką żyją pastorzy i liderzy. Pastorzy często przyjmują to poselstwo jako dobre dla zgromadzenia, ale nie do zastosowania w przypadku liderów. Przywódcy kościoła powinni otworzyć swoje serce i przyjąć to, co Bóg ma dla nich.

Mądrość to właściwe postępowanie w określonej sytuacji, natomiast roztropność to dokonywanie dobrych wyborów dla osiągnięcia przyszłej korzyści. Pastorzy często próbują robić różne rzeczy we właściwy sposób. „Co w tej sytuacji należy powiedzieć, jak odpowiednio podejść do tej kwestii? Co należy robić na spotkaniach liderów? Jak mamy się przygotować na następne pięć lat?" Powoli skupiamy się coraz bardziej na tym, jak właściwie żyć i jak właściwie postępować. Jack uważał, że pastorzy często stają się „mądrzy i roztropni", a odwracają się od tego co jest dziecięce w ich sercu.

Nie mówię, że nie powinniśmy tego wszystkiego robić, ale nie uważam, że na tym polega dojrzałość. Jeśli zaczynamy uznawać, że to jest dojrzałość – jestem dojrzałym chrześcijaninem, bo robię te wszystkie rzeczy – to posiadanie mądrości i roztropności staje się naszym życiowym celem, a to przeszkadza w przyjmowaniu objawienia. Objawienie zostaje udzielone dziecięcemu sercu. Uważam, że to jeden z powodów, dla których ciało Chrystusa w poprzednim wieku tak mało otrzymało objawienia i mało doznało intymności z Bogiem. Skupialiśmy się na mądrości i roztropności, a Pan prowadzi nas do dziecięctwa.

Wiedza to nie szczęście

Kilka lat temu byłem w Holandii w miejscowości Vlissingen. Gdy pewnego ranka piłem kawę z moim gospodarzem, ten powiedział: James, odkryłem coś. Wiedza nie zapewnia szczęścia. To stwierdzenie wywarło na mnie ogromny wpływ. Od kiedy zostałem chrześcijaninem, wpajano we mnie, że muszę wszystko wiedzieć. Aby stać się chrześcijańskim przywódcą, muszę mieć wypracowane zdanie na każdy temat. Musiałem wiedzieć, co naprawdę znaczy każdy werset albo przynajmniej mieć pojęcie na temat różnych opinii na jego temat. Czułem presję, że muszę wszystko wiedzieć.

Nieco później, nadal będąc w Holandii, przemawiałem na obozie dla mężczyzn i dzieliłem pokój z postawnym Holendrem, który mówił tubalnym głosem. Zostaliśmy potem dobrymi przyjaciółmi. W niedzielę po ostatnim wykładzie siedzieliśmy na łóżkach, czekając na kogoś, kto miał nas zawieźć do Amsterdamu. Gdy tak siedzieliśmy, zadał mi pytanie dotyczące kwestii przywództwa lub czegoś w tym rodzaju. Odpowiedziałem: Nie wiem. Oczy mu się wyraźnie powiększyły, a potem padł na łóżko, zaśmiewając się do łez. Łóżko się pod nim trzęsło. Po kilku minutach popatrzył na mnie: Nie wiesz? – Nie, nie wiem – odpowiedziałem. Znów padł na łóżko, tarzając się ze śmiechu. A ja siedziałem zaskoczony jego reakcją. W końcu usiadł: James, jesteś kaznodzieją. Musisz wiedzieć! Widzicie, taka właśnie jest presja. Mamy gromadzić wiedzę, zdobywać mądrość i stawać się ekspertami.

Piosenka Paula Simona

Po tym jak Denise i ja doświadczyliśmy wypalenia, udaliśmy się do Australii, żeby wypełnić wcześniejsze zobowiązanie w szkołach Młodzieży z Misją. Był to straszny czas w naszym życiu. Byliśmy skrajnie wyczerpani, ale Pan pomógł nam we wszystkim, co musieliśmy zrobić. Pewnego razu jechaliśmy samochodem z Adelaide do Brisbane i przejeżdżaliśmy przez Bourke, miasteczko w zachodniej Nowej Południowej Walii. Jest takie powiedzenie, że jeśli znajdujesz się poza Bourke, to naprawdę jesteś w australijskim buszu! Niewielu Australijczyków zapędza się tak daleko. Jechaliśmy drogami, przy których przez dwanaście godzin krajobraz w ogóle się nie zmienia.

W czasie jazdy słuchaliśmy płyty Paula Simona *Graceland*. Jedna z piosenek opowiadała o człowieku zwanym Gruby Charlie Archanioł. Słowa brzmiały tak: „Gruby Charlie Archanioł wtoczył się do pokoju. Nie miał zdania ani na ten temat, ani na tamten". Nagle Denise i ja zaczęliśmy się śmiać. Archanioł nie ma zdania! Można nie mieć zdania! Nawet jeśli się jest archaniołem! Gdy zaczęliśmy się śmiać, cała presja, żeby być dojrzałym, silnym i poukładanym zaczęła znikać. Po latach zmagania, żeby zyskać wiedzę, myśl, że archanioł nie ma na jakiś temat zdania, była uwalniająca.

Ciągle zajęci

Gdy przyjeżdżam do różnych kościołów, zazwyczaj spędzam jakiś czas przed nabożeństwem z pastorem. Kościoły mają swoją własną kulturę tak jak kraje. Odwiedzamy różne zbory i gdy przyjeżdżam po raz pierwszy, wystawiam swoją duchową antenę, próbując zorientować się w przekonaniach i kulturze zgromadzenia, żeby nawiązać kontakt z ludźmi i efektywnie się komunikować. Często zadaję pastorowi pytania, a jego odpowiedzi dają mi dobry ogląd sytuacji. Jedno z pytań, jakie zadaję pastorom brzmi: Jak wiedzie się waszemu kościołowi? Bardzo często otrzymuję następującą odpowiedź albo bardzo podobną.

Jesteśmy bardzo zapracowani. Sprawy toczą się szybko. Tak dużo się u nas dzieje. Kościół się rozwija. Organizujemy taką konferencję, ten kaznodzieja u nas przemawia. Poszerzamy parking, musimy powiększyć kuchnię. W ten weekend grupa misyjna wyjeżdża do Afryki. Grupa młodzieżowa się rozwija. Jest tak duża, że mamy zamiar zatrudnić nowych pastorów młodzieżowych. Musimy też znaleźć więcej parkingowych. Zbieramy pieniądze na to i na tamto. Założyliśmy nową placówkę tu i rozpoczęliśmy pracę tam. Służba wśród kobiet zaczęła się szybko rozwijać. Prowadzimy ewangelizację w sąsiednim mieście.

Słyszę tylko: Jesteśmy zajęci. Wielu pastorów sądzi, że to właśnie chcę usłyszeć. Skoro odwiedzam ich zbór, chcą zrobić dobre wrażenie. Gdy słyszę opowieści o tym, jak są zajęci, myślę: O, nie! Coś tu nie gra.

Wyobraź sobie, że podchodzisz do Jezusa w okolicy Nazaretu i pytasz Go: Jak idzie służba, Panie Jezu?

Jesteśmy bardzo zapracowani. Dzisiaj po południu wyruszamy do Kafarnaum, muszę zorganizować łódkę, żeby się stąd wydostać, bo tłum jest bardzo duży. Nie możemy skorzystać z mikrofonów, ale posłużymy się wodą. I Łazarz umarł, powinienem więc pójść do Betanii. Marta i Maria bardzo się martwią. Powinienem wyruszyć trzy dni temu, ale tyle się dzieje. Przemawiam i nauczam w różnych miejscach, pracuję z uczniami, ale Piotr sprawia trochę kłopotów. Muszę go naprostować. Poza tym musiałem wypędzić przekupniów ze świątyni. Ktoś umarł i od razu przyszli do mnie, musiałem więc tam iść i wzbudzić go z martwych. Dlatego mamy małe opóźnienie, ale przynajmniej po drodze załatwiliśmy sprawę kobiety cierpiącej na krwotok – cały czas na nogach! Trzeba przeszkolić uczniów.

Gdybyście zapytali Jezusa, jak mu idzie służba, nie sądzę, żebyście uzyskali podobną odpowiedź! Prawdopodobnie powiedziałby coś takiego: Ojciec jest naprawdę wspaniały. Oglądaliśmy Jego zadziwiające dzieła i podążamy za tym, co On robi, a czyni niewiarygodne rzeczy. To nie ja, to On! On mi mówi, co mam powiedzieć i mówię to. To niezwykłe, co się dzieje, gdy mówię to, co On mi każe powiedzieć. Gdy dotykam ludzi, dzieją się niesamowite rzeczy. Pewien mężczyzna z uschłą ręką został uzdrowiony. To było wspaniałe! Niezwykłe!

Sądzę, że Jezus byłby wypełniony radością. Gdy przyszli do

niego uczniowie Jana Chrzciciela z pytaniem: „Czy Ty jesteś tym, który ma przyjść, czy też innego oczekiwać mamy?", odpowiedział: „Idźcie i oznajmijcie Janowi, coście widzieli i słyszeli: Ślepi odzyskują wzrok, chromi chodzą, trędowaci zostają oczyszczeni, a głusi słyszą". Nie czuł potrzeby upewniania Jana, że jest Mesjaszem. Sądzę, że tak naprawdę mówił: Dzieją się wspaniałe rzeczy. My sami nic nie robimy. Wszystko czyni Bóg. My jesteśmy tylko jak małe dzieci, bawiące się w piasku. To czysta zabawa.

Jak wspomniałem wcześniej, doszedłem do przekonania, że Królestwo Boże to radosne świętowanie. Bardzo często zamienialiśmy je w ewangelizacyjne przedsięwzięcie albo dobrą sprawę, której można się poświęcić. Przekształciliśmy ją w coś poważnego i ciężkiego. Nietrudno jest zaprosić kogoś na wspólne świętowanie, ale można mieć trudności w przyprowadzeniu go do kościoła.

Twoja słabość jest twoją siłą

Apostoł Paweł wiedział, co to znaczy żyć w paradoksie słabości. Mówi o tym w Drugim Liście do kościoła w Koryncie. Nawiasem mówiąc, to bardzo ciekawe, ile Paweł mówi o sobie. Fascynujące byłoby studium ukazujące, ile razy w swoich pismach Paweł używa słów „ja" i „mój". Sześć razy w swoich listach pisze „naśladujcie mnie". Sugeruję, że warto zwracać uwagę za każdym razem, gdy Paweł mówi o sobie. W Drugim Liście do Koryntian 12,7 Paweł zaczyna opowiadać o sobie:

„Bym się więc z nadzwyczajności objawień zbytnio nie wynosił, wbity został cierń w ciało moje, jakby posłaniec szatana, by mnie policzkował, abym się zbytnio nie wynosił".

Nie wiemy dokładnie, jaki był to cierń w ciele, ale wiemy

na pewno, że Paweł miał problem. Nie był to prosty problem. Niektórzy żartują, że cierniem w ciele była jego żona. Nie wierzę w to. Ogólnie rzecz biorąc, uważam, że częściej to mężowie są cierniami w ciele swoich żon niż odwrotnie. Niektórzy ludzie twierdzą, że cierniem w ciele Pawła był jego niski wzrost, ponieważ jego imię znaczy „mały". Jednak dla człowieka jego kalibru taka drobnostka nie miałaby znaczenia. Nie wierzę, żeby pośledni wzrost miał dla Pawła jakiekolwiek znaczenie. Inni uważają, że cierniem w ciele Pawła był fakt, że tracił wzrok. Istnieje taka możliwość. W Liście do Galacjan 4,15 pisze: „Gdyby to było możliwe, wyłupilibyście sobie oczy i mnie je oddali". Paweł wiedział o ich miłości do niego, bo dzielił się z nimi ewangelią. Jednak bez względu na to, jaki był to cierń, z całą pewnością Paweł miał problem. Co więcej, opisuje go jako posłańca szatana. Musiało to więc być coś uciążliwego.

W następnym wersecie czytamy:

„W tej sprawie trzy razy prosiłem Pana, by on odstąpił ode mnie" (2Kor 12,8).

Paweł wiele przeszedł, ale we wszystkim doświadczył łaski Bożej. Cokolwiek jednak to było, sprawiło, że trzy razy błagał Boga, żeby to zabrał. Z całą pewnością utrudniało mu to życie. Gdy prosił Pana, ten odmówił jego prośbie. Powiedział jednak: „Dosyć masz, gdy masz łaskę moją, albowiem pełnia mej mocy okazuje się w słabości" (2Kor 12,9).

Odkryłem, że jeśli myślisz, iż Bóg cię używa, ponieważ dużo się modlisz albo zrobiłeś to czy tamto, to wtedy będziesz odbierał chwałę dla siebie. Możesz nawet mówić: Oddaję całą chwałę Panu. Ale Pan nie zwraca uwagi na to, co mówisz. Patrzy na serce. Gdy twoje serce odbiera sobie chwałę, Bóg odetnie moc. Nie będzie dzielił się swoją chwałą z nikim. Potrzeba wiary, by wiedzieć, że nie ma w nas niczego, co by kwalifikowało nas do użycia przez Boga. Wówczas potrzebujemy więcej wiary, żeby wyjść i ufać, że Bóg nas użyje. Potrzeba więcej wiary, by uczynić krok w Bogu, gdy mamy przytłaczające poczucie, że nie ma w nas absolutnie nic cennego dla Boga.

Bądź małym dzieckiem

Jeden z przykładów słabości Pawła znajdujemy w 1 Liście do Koryntian rozdział 2. Zdaniem biblistów kościół w Koryncie był najbardziej cielesnym kościołem w tamtych czasach. W każdym razie taka była opinia na ich temat. I oto mamy Pawła prymusa ze szkoły rabinackiej. Był błyskotliwy i pełen religijnego zapału. Potem otrzymał niewiarygodne objawienie od Pana, tak wielkie, że potrzebował ciernia w ciele, żeby powstrzymać go od wywyższania się. Nawet apostoł Piotr nie rozumiał wielu rzeczy, które mówił Paweł. W 2 Liście Piotra 3,15-16 napisał: „umiłowany brat nasz, Paweł, (...) pisał do was (...) we wszystkich listach, gdzie o tym się wypowiada; są w nich pewne rzeczy niezrozumiałe". Piotr miał trudności z tym, co pisał Paweł. Głębia objawienia Pawła była wyraźnie niesamowita. A teraz przybywał do kościoła w Koryncie, żeby ich naprostować.

W rozdziale 2 wierszu 3 napisał do Koryntian: „ I przybyłem do was w słabości i w lęku, i w wielkiej trwodze".

Nie pojawił się w Koryncie, mówiąc: Kwestię rozwoju kościoła mam rozpracowaną. Wiem, jak to robić. Mogę przybyć i rozwiązać wszystkie wasze problemy. Wiem, co należy powiedzieć przywódcom kościoła i zespołowi. Mam doświadczenie i praktykę.

Znam sposoby. Naprawię wasz kościół w ciągu tygodnia – najwyżej dwóch. Nie powiedział niczego takiego. Powiedział raczej: „Przybyłem do was w słabości i w lęku, i w wielkiej trwodze". Nie wiedział, co robić.

Paweł poznał ten sam sekret, który znał Jezus. Bądź małym dzieckiem. Gdy sądzimy, że wiemy, jak się coś robi, jesteśmy zdyskwalifikowani.

Bóg przychodzi do nas w naszej słabości. Nie musisz wszystkiego wiedzieć, żeby być synem Bożym lub Jego córką. Jedna z najbliższych przyjaciółek Denise, Katie, kilka lat temu złożyła świadectwo. Nigdy wcześniej nie słyszałem takiego dewastującego świadectwa. Im dłużej jej słuchałem, tym bardziej czułem, że jest moją siostrą. Nie doświadczyłem takiego samego bólu, ale potrafiłem utożsamić się z jej historią. Gdy ludzie przedstawiają swoje silne strony i mówią, jak im się udaje, nie potrafię się z tym utożsamić. Wiem, że czasem sprawiam wrażenie, jakbym to ja miał wszystko pod kontrolą. Gdy przychodzi namaszczenie, noszę na sobie zbroję. Może się wydawać, że jestem Bożym rycerzem. Wtedy jednak możecie zdjąć mój hełm i zajrzeć do środka.

Bez sztuczek

W przeszłości miałem zwyczaj udawania, że jestem kompetentny. Nauczyłem się małych sztuczek, żeby pokazywać swoją siłę. Potem jednak zauważyłem, że tak naprawdę moją największą siłą jest słabość. Byłem tylko myśliwym, który przez przypadek się nawrócił! To nie była moja wina. Bardzo odważna osoba prorokowała do mnie, że mam zostać nauczycielem Słowa. Było to najodważniejsze proroctwo, jakie kiedykolwiek otrzymałem, wziąwszy pod uwagę to, jak wyglądałem tamtego dnia. A ja byłem na tyle szalony, że w nie uwierzyłem. Stwierdziłem, że jeśli mam być nauczycielem Słowa, to muszę zacząć je czytać. Czytam je od tamtej pory i mam wrażenie, że stoję w rzece objawienia. Wiem, że nic nie dzieje się z powodu moich kompetencji.

W ostatnich latach naszego chrześcijańskiego doświadczenia przeżywamy najlepsze chwile życia. Zacząłem doświadczać tej wolności i radości, dopiero gdy odrzuciłem wyobrażenia o tym, kim powinienem być, a stałem się małym chłopcem w ramionach Ojca.

Czy wiecie, jaki jest klucz do takiego objawienia miłości Ojca? Stań się małym dzieckiem. Małym dzieckiem. Im bardziej będziesz starał się być wyrafinowany, wszystko wiedzieć, przeczytać całą Biblię, wysłuchać wszystkich kazań i przeczytać wszystkie książki, im bardziej będziesz chciał być wielkim, silnym, dojrzałym mężem Bożym o wspaniałej reputacji, tym mniejszą będziesz miał zdolność poznawania Boga jako kochającego cię Ojca.

W moim widzeniu rycerza wyjeżdżającego z lasu czułem się jak mały chłopiec, ale siedziałem na białym koniu. Biały koń to Duch Święty. Jeśli siądziesz na tym koniu, nie możesz używać cugli. Musisz iść tam, dokąd On idzie tanecznym krokiem. To jest taniec. Bóg chce nas używać. On chce, żeby przejawiała się przez nas Jego moc, ale paradoksalnie twoim największym atutem jest słabość. Czy masz jakieś słabości w swoim życiu? Czy masz problemy, których nie potrafisz rozwiązać? To twoje największe atuty. Bardzo często czekamy, że Bóg je naprawi, zanim będzie mógł nas użyć. Powiem ci coś. On użyje cię w twojej słabości. Im jesteś słabszy, tym bardziej może cię użyć. Największą przeszkodą jest nasza własna siła, nasze kompetencje, nasze akredytacje i osiągnięcia. Posiadanie „pełni wiary i mocy" oraz „poukładanie" to największe przeszkody.

Jeśli masz silne strony, Bóg pozwoli ci oglądać efekty działania twojej mocy. Jeśli jednak potrafisz być słaby, otrzymasz skutek działania Jego mocy, a to o wiele lepsze.

ROZDZIAŁ 8

Chwalebna wolność synów

~

Z całego serca pragnę, żebyście mogli otworzyć swoje serca na przyjęcie miłości Ojca. On najbardziej pragnie, by Jego dzieci znajdowały się blisko Niego, w intymnej więzi, ukryte w Chrystusie, w sercu Ojca. Ale to nie wszystko. Jest coś więcej: wspaniałe dziedzictwo, które należy przejąć, spadek dla synów i córek. On jest naszym dziedzictwem, ale, co jeszcze wspanialsze, my jesteśmy Jego dziedzictwem. Niesamowite! To właśnie czeka na nas. Taka perspektywa otwiera się przed nami, szeroka jak cała wieczność. Dlatego zapnijcie pasy i przygotujcie się na jazdę swojego życia.

Sposób, w jaki usługuję, czasem niektórych przeraża. Watchman Nee zauważył, że istnieją dwa sposoby przemawiania pod namaszczeniem. Jeden to przesłanie, w którym wiesz dokładnie, co będziesz mówił i przemawiasz pod namaszczeniem. Drugi to podążanie za namaszczeniem, w którym nie wiesz, co będziesz mówił, co jest bardziej zatrważające. Jednak pod pewnym względem to większa przyjemność, w tym sensie, że nie masz pewności, co Pan za chwilę powie. Czasem stwierdzam, że przemawiam, nie wiedząc, co mówię i zaskakują mnie słowa wychodzące z moich ust. Bardzo często wypowiadam coś i zupełnie nie mam pojęcia, o czym mówię! Coś takiego wydarzyło się pewnego razu w Niemczech. Oczywiście przemawiając przez tłumacza, miałem trochę więcej czasu, żeby modlić się między zdaniami. Wypowiedziałem coś i nie miałem pojęcia, dlaczego to powiedziałem, ale czułem, że jest w tym Pan. Mówiłem o tym, że Bóg uwielbia być dla nas Ojcem w codziennych sprawach naszego życia. Uwielbia okazywać nam miłość, zapewniając nam zwykłe rzeczy, takie jak, na przykład, miejsce parkingowe. Głosząc, nagle usłyszałem, że mówię: Ale nie o to Mu tak naprawdę chodzi!

O CO MU NAPRAWDĘ CHODZI?

Gdy to powiedziałem, natychmiast zastanowiłem się: A o co Mu chodzi? Cóż może być innego? Czułem, że tak naprawdę przemawia Duch Święty, ale nie miałem zielonego pojęcia, o co Mu tak naprawdę chodzi! W myślach pytałem: Panie, o co ci naprawdę chodzi? Bóg nie odpowiadał, więc przemawiałem dalej. Powiedziałem: On uwielbia przychodzić na nasze nabożeństwa i namaszczać uwielbienie, ale nie o to Mu naprawdę chodzi! W głębi duszy wołałem: O co Mu naprawdę chodzi?

Moje myśli biegły jak szalone. Zastanawiałem się: Co też za chwilę powiem? Miałem wrażenie, że zakopuję się coraz głębiej i już z tego nie wybrnę! Nie wiedziałem, co się wydarzy, ale nie miałem innego wyjścia, jak tylko mówić dalej. Zacząłem więc opowiadać pewną historię, którą przeżyliśmy razem z Denise.

Opowiedziałem o naszym pobycie w Holandii kilka lat

wcześniej. Podjechaliśmy na stację kolejową w wielkim pośpiechu. Pociągi w Holandii są bardzo punktualne, co do minuty, nie opóźniają się nawet o sekundy. Jeśli nie zjawisz się na czas, pociąg odjedzie. Jechaliśmy na stację, żeby zdążyć na pociąg. Zostały nam cztery minuty, żeby zaparkować, wyjść z samochodu, wyciągnąć walizki, kupić bilety, dojść na peron i wsiąść do pociągu. Mieliśmy bardzo mało czasu. Wjechaliśmy na parking. Okazało się, że jest wypełniony. Ponadto o mur parkingu oparte były setki rowerów, co oznaczało, że jest to czas szczytu. Jeździliśmy po parkingu, szukając wolnego miejsca, ale nic nie było. Parking był pełen. Denise pomodliła się: Ojcze, proszę o miejsce parkingowe. Zaczęła się modlić już w chwili wjazdu na parking, ponieważ stwierdziła, że musimy dać Panu czas, by odesłał kogoś do samochodu. Nawet Bóg potrzebuje trochę czasu, żeby wszystko zorganizować.

Dlatego gdy tak jeździliśmy w kółko, próbując znaleźć miejsce, dodała: Panie, spraw, żeby ktoś może poczuł się trochę chory i postanowił nie jechać dzisiaj do pracy! Nie wiem, czy było to poprawne teologicznie, ale tak się pomodliła. Wjechaliśmy właśnie w następną alejkę i zobaczyliśmy mężczyznę, który dopiero co zaparkował samochód i szedł prosto na nas. Nagle zatrzymał się, odwrócił i poszedł w kierunku swojego samochodu. Denise krzyknęła do Vine'a, który prowadził samochód: Jedź za tym człowiekiem! Wyruszyliśmy więc w pościg. Za zakrętem zobaczyliśmy, że wsiada w samochód, wycofuje i odjeżdża. Wolne miejsce parkingowe! Szybko wjechaliśmy, a Denise powiedziała: Teraz, Panie, możesz go uzdrowić! Było to miejsce parkingowe najbliższe wejścia na stację. Wyskoczyliśmy, kupiliśmy bilety, pobiegliśmy na peron, ciągnąc walizki, po schodach, wzdłuż następnego peronu, po schodach w górę i wyszliśmy na peron, na którym stał nasz pociąg, na wprost drzwi, wsiedliśmy, drzwi zamknęły się za nami. Pociąg ruszył. Zdążyliśmy – ledwo!

Taki jest Bóg. Uwielbia być Ojcem dla swoich dzieci. Ale gdy tego dnia przemawiałem, powtarzałem: Ale nie o to Mu naprawdę chodzi! Uwielbia zsyłać namaszczenie na wielkie zgromadzenia, ewangelizacje, misje wśród narodów, ale nie o to Mu naprawdę chodzi! Ten zwrot ciągle się powtarzał i czułem, jak napięcie w pomieszczeniu rośnie. Wszyscy zastanawiali się: O co Mu naprawdę chodzi? I w końcu – wiem! Wreszcie, gdy powtarzałem ten zwrot kolejny raz, Bóg mi pokazał.

Wiecie, On uwielbia przychodzić i być dla nas Ojcem we wszystkich sprawach naszego życia, ale tak naprawdę chodzi Mu o to, żebyśmy stali się Jego synami i córkami we wszystkich sprawach Jego życia. On chce, żebyśmy nie tylko znali Go jako ojca w naszym świecie, ale żebyśmy stali się Jego synami i córkami w Jego świecie.

Zauważyłem, że ojcowie i matki pragną, żeby ich dzieci żyły na takim samym poziomie jak oni albo na lepszym. Jeśli są wykształceni, chcą, żeby dzieci były przynajmniej tak samo albo lepiej wykształcone. Dla swoich dzieci zawsze pragną czegoś lepszego. Powiem wam: Bóg myśli tak samo o nas, swoich dzieciach. On jest naszym Ojcem i pragnie, żebyśmy stali się Jego synami i córkami adekwatnie do tego, kim On jest.

Gdy zaczęliśmy słyszeć o miłości Ojca, sądziliśmy, że chodzi przede wszystkim o uzdrowienie emocjonalne. Potem zrozumieliśmy, że chodzi o coś więcej, niż nam się zdawało na początku. Bóg wlewa swoją miłość do naszych serc i leczy nas z traumatycznych doświadczeń, ale to dopiero początek. Wielu z nas zaczyna doświadczać miłości Ojca i myśli: Zostałem uzdrowiony, to teraz mogę wrócić do tego, co robiłem wcześniej, bo teraz mogę to robić jako człowiek uzdrowiony. Ale Bóg ma o wiele, wiele większy cel. On chce, żebyśmy nauczyli się chodzić cały czas przed

Nim w słabości. Pragnie, żebyśmy przyzwyczaili się do poczucia zależności i podejmowania ryzyka, tak jak to robił Jezus. Jedną z największych tajemnic życia chrześcijańskiego jest to, abyśmy nauczyli się chodzić w słabości, a nie walczyć z nią.

Często uniżamy się i okazujemy słabość prywatnie, żeby doznać uzdrowienia, ale Ojciec chce nas nauczyć żyć w takim stanie. Słabość wydaje się ryzykowna. Bóg nie chce, żebyśmy raz kiedyś okazali pokorę, ale abyśmy w niej żyli. Gdy nauczymy się żyć w stanie podatności na zranienie, w którym ustawicznie potrzebujemy Jego miłości i coraz bardziej utożsamiamy się ze słowami „nie może Syn sam od siebie nic czynić", wtedy Bóg może nas użyć. Możesz osiągnąć w Bogu wyżyny, których nie da się osiągnąć inaczej niż przez pokorę. Gdy uczymy się tak żyć, On może współpracować z nami jako swoimi synami i córkami. Właśnie to dostrzegłem. Ojciec chce, żebyśmy stali się synami i córkami adekwatnie do tego, kim On jest.

Po raz pierwszy powiedziałem o tym w Niemczech. Był to początek objawienia, które nie tylko zaczęło zmieniać moje życie, ale także moją tożsamość. W tym okresie życia myślałem: No, cóż, prowadzimy dosyć popularną służbę, głosząc Słowo w rożnych miejscach na świecie, która to służba sprawia mi więcej radości niż cokolwiek, co robiłem wcześniej w życiu. Mamy za co żyć. Takie życie sprawdza się od strony praktycznej. Myślałem: Nareszcie! Jestem wędrownym mówcą, podróżuję po świecie i opowiadam o Ojcu. Potem wracam do domu, mam wolne i znów wyruszam w podróż. Wszystko świetnie działa!

Ale gdy zobaczyłem, że Bóg wzywa nas do tego, byśmy byli Jego synami i córkami odpowiednio do tego, kim On jest, z Jego perspektywy wszechświata, zacząłem myśleć, że muszę znaleźć kierunek w życiu odpowiedni dla syna Bożego a nie wędrownego kaznodziei. Co mogę zrobić z moim życiem, co sprawi, że będę synem adekwatnie do tego, kim jest mój Ojciec? Bo tak się składa, że moim Ojcem jest Wszechmogący Bóg! Wtedy zrodziła się ta wizja miłości Ojca przenikającej wszystkie nurty chrześcijaństwa, wszystkie kręgi kulturowe, wszystkie kraje, każdego człowieka na świecie. I tak zaczęła się cała ta historia. Zaczęliśmy tworzyć szkoły, w których ludzie mogą doznać jak najgłębszego doświadczenia miłości Ojca, ponieważ, gdy miłość dotrze do twojego serca, cały świat się zmieni.

Jaki jest Bóg?

Gdy zaczynasz się zastanawiać, co to znaczy być synem albo córką adekwatnie do tego, kim jest Ojciec, prowadzi to do następnego pytania. Jaki naprawdę jest mój Ojciec? Jakie wielkie pojęcia opisują mojego Ojca? Są to przymioty, które musimy zbadać, żeby stać się synami odpowiednio do tego, kim On jest. Jakie wielkie pojęcia albo koncepcje opisują Boga? Pozwólcie, że wymienię niektóre znane cechy, które od razu przychodzą do głowy. Bóg jest Prawdą, jest współczujący, relacyjny. Tak! Zbawienie, wiara, nadzieja, radość opisują aspekty Jego natury. Oczywiście! Przychodzą na myśl miłosierdzie, chwała, świętość. Potem można wymienić cechy z przyrostkiem „wszech": wszechwiedzący, wszechmocny, wszechobecny.

Gdy zastanawiałem się nad przymiotami Boga, nagle przyszło mi na myśl inne słowo. Było to słowo, którego nigdy wcześniej nie brałem pod uwagę jako opisującego naturę Boga. Co więcej nigdy nie słyszałem, żeby jakiś chrześcijański mówca użył tego słowa. Było to słowo „wolny". Bóg jest WOLNY.

Wolność to prawdopodobnie najcenniejsza rzecz dla człowieka. Oglądamy filmy o wolności, czytamy książki o emancypacji, słuchamy muzyki, która traktuje o wolności. Dlaczego postać Williama Wallace'a z filmu Waleczne Serce tak pobudza naszą wyobraźnię? Dlatego, że porusza nas postać człowieka, który oddaje swoje życie za wolność dla siebie, wolność dla swojego narodu i kraju. Wolność to prawdopodobnie największa kwestia, z jaką przychodzi się nam, ludziom, mierzyć. Ponad wszystko ludzie pragną być wolni. Przeciwieństwem wolności jest niewolnictwo. Nie potrafię sobie wyobrazić niczego gorszego niż niewolnictwo. Wolałbym raczej umrzeć niż być niewolnikiem! Niewolnictwo to jedna z najokrutniejszych rzeczy, jakie rodzaj ludzki wymyślił. Nie możesz podejmować własnych decyzji jako jednostka, żadnych. Nie decydujesz o tym, co będziesz robić. Nie decydujesz o tym, co jesz, w co się ubierasz. Jeśli się ożenisz, może się okazać, że zostaniecie rozdzieleni, bo jedno z was albo oboje zostaniecie sprzedani innym osobom. Niewolnictwo dzieci jest jeszcze gorsze. Sprzeciwia się całej naszej wolności. Coś w nas dąży do nadziei, wierzy w coś lepszego.

Wolność jest nieodłączną cechą Bożej natury. W Jego sercu panuje pełna wolność. Wolność zawsze mierzy się ograniczeniami. Czy Bóg ma jakieś ograniczenia? Może zrobić wszystko, prawda? Może stworzyć wszystko, co chce. Jego wolność nie ma granic. Jest jedna rzecz, której nie może zrobić. Nie może grzeszyć. Ale to nie jest ograniczenie, choć kiedyś myślałem, że jest, dopóki nie zrozumiałem natury grzechu. Ludzie mówili mi: Grzech to straszna, okropna rzecz. Nie popełniaj grzechu! Bóg go nienawidzi. Jest niewłaściwy, nikczemny, zły! Ale te wyjaśnienia w ogóle mnie nie zadowalały, ponieważ niektóre zachowania, które uważałem za grzech, wydawały się nikogo nie ranić. Co było takiego strasznego i złego w tych rzeczach? Istnieje wiele rzeczy w sposób oczywisty złych, ale istnieją pewne grzechy, które, jak myślałem, nie przynoszą szkody. Pozwalamy na pewne rzeczy w naszym życiu, ponieważ nie rozumiemy do końca, co w nich jest złego albo jakiegoś postępowania nie uznajemy za niegodziwe.

Prawdziwy problem grzechu polega na tym, że cię wiąże. Grzech cię opanowuje, kontroluje, steruje tobą, wiąże cię i zabiera ci wolność. Dlatego grzech jest tak zły. Jak Bóg powiedział do Kaina: „U drzwi czyha grzech. Kusi cię, lecz ty masz nad nim panować" (1Mjż 4,7). Grzech zawsze pragnie nad nami panować. Gdy poddamy się grzechowi, jego więzy zaczynają nas dusić i ciągnąć w dół. Bóg nie chce, żebyśmy grzeszyli, nie tyle dlatego, że grzech jest „zły", ale ponieważ zniszczy naszą duszę. Będzie cię coraz głębiej wciągał w zniewolenie, z którego nie ma innej ucieczki, jak przez krew Jezusa.

Dlatego gdy mówimy, że Bóg nie może zgrzeszyć, to dlatego, że Bóg nie traci swojej wolności. Nic nad Nim nie będzie panować. Zawsze będzie wolny. Nigdy wcześniej nie zdawałem sobie sprawy z tego, że wolność to taka ważna sprawa dla Boga. Co więcej zacząłem to dostrzegać za każdym razem, gdy czytam Biblię. Fragmenty takie jak Rz 8,15, 2Kor 6,18 i Ga 4,6 mówią o nas jako synach i córkach Bożych doświadczających takiej samej wolności jak On.

Wolność tego świata

Gdy patrzymy na wolność z naszej ludzkiej perspektywy, mogłoby się wydawać, że na tym świecie największą wolnością cieszą się prawdopodobnie najbogatsi. Jeśli masz dużo pieniędzy, możesz robić, co chcesz. Im więcej masz pieniędzy, tym większą cieszysz się wolnością. Kilka lat temu aktor John Travolta poleciał do Nowej Zelandii swoim odrzutowcem Boeing, którego sam był pilotem. Leciał na lotnisko w Auckland, ale w chwili gdy miał rozpocząć procedurę lądowania, nagle stwierdził, że najpierw przeleci nad całą Nową Zelandią, żeby podziwiać widoki. Przeleciał więc nad Wyspą Północną, potem nad Wyspą Południową, popatrzył na góry, a potem wrócił do Auckland. Tylko po to, żeby popatrzeć! Musiało go to kosztować dziesiątki tysięcy dolarów, które wydał tylko po to, by wyjrzeć przez okno i zobaczyć coś, co chciał ujrzeć. Jeśli masz pieniądze, możesz robić prawie wszystko, na co masz ochotę.

Wyobraź sobie przez chwilę, że pewnego ranka budzi cię dźwięk telefonu. Odbierasz i okazuje się, że odziedziczyłeś olbrzymią sumę. Tyle pieniędzy, że jeśli od tej chwili do końca życia będziesz wydawać, ile chcesz, pieniądze się nie skończą. Wyobraźcie sobie coś takiego. Możesz wszystko kupować. Bez ograniczeń. Co byś zrobił, gdybyś miał tyle pieniędzy?

Podróżowałbyś po świecie? Oglądał najpiękniejsze parki narodowe i wędrował po nich? Kupiłbyś wyspę? Wybudowałbyś wyspę? Najbardziej luksusowy dom, jaki możesz sobie wyobrazić? Poszedłbyś na zakupy? Oczywiście że tak! Wszyscy poszlibyśmy na zakupy! Załóżmy, że chciałbyś polecieć na Hawaje, ale wszystkie bilety byłyby wykupione. Nie ma problemu – kupujesz linie lotnicze! Mógłbyś udać się dokąd chcesz i kiedy chcesz. Może przez chwilę zatrzymałbyś się w najwspanialszym hotelu w Monaco. Mógłbyś nawet kupić cały hotel. Opcje i możliwości są prawie nieograniczone. Jeśli jesteś dostatecznie bogaty, masz pełnią wolność!

Moim marzeniem była podróż na Alaskę. Zebrałem w końcu dosyć mil w liniach lotniczych, żeby tam polecieć. Potem podróżowałem autostopem z Fairbanks do Anchorage, co zajęło mi około dziewięciu dni. Pewien człowiek zabrał mnie swoim dwuosobowym samolotem Piper Cub. Zaglądaliśmy na leśne polany, lataliśmy szukając łosi i niedźwiedzi grizzly. Z innym popłynąłem łowić łososie. Stałem w wodzie i chwytałem jednego za drugim. Na piasku za mną widniały ślady niedźwiedzia grizzly i było to dosyć niepokojące!

Gdy spełnisz jedno marzenie, masz o jedno marzenie mniej. W końcu nie zostanie ci żadne marzenie. Jeśli masz wszystkie pieniądze świata, żeby robić to, na co przyjdzie ci ochota, możesz spełnić wszystkie swoje marzenia w ciągu mniej więcej pięciu lat. Szybko byś jednak do tego przywykł, zmieniłaby się twoja perspektywa, a z życia znikłoby wrażenie ekscytacji i zabawy.

Wiele lat temu przeczytałem artykuł w czasopiśmie Time napisany przez psychiatrę pracującego wśród najbogatszych. Stwierdził on „Rozpacz super bogaczy jest bezgraniczna". Ciekawe, prawda? Super bogacze mają całą wolność tego świata, ale ich rozpacz jest bezgraniczna. Jeśli spełnisz wszystkie swoje marzenia, nie masz po co żyć. Mam marzenia, które się nigdy nie spełnią, ale cieszę się nimi, ponieważ samo marzenie sprawia, że żyjesz. Jeśli nie zostały ci żadne marzenia i nie chcesz już nic robić, twoją duszę ogarnia śmierć. Marzenia są dla nas niezwykle ważne. Widzimy przez to, że serce ludzkie ma zdolność marzenia o wolności przewyższającej wszystko, co oferuje świat. Ten świat nie może wypełnić twoich marzeń i nie może zaoferować ci wolności, do której zostało przeznaczone twoje serce. Nie zostaliśmy zaprojektowani do ograniczonej wolności tego świata. Zostaliśmy zaprojektowani do wolności, której doświadcza sam Bóg.

Dokąd zmierzamy?

Ósmy rozdział Listu do Rzymian wyjaśnia rzeczy dotyczące chrześcijaństwa, z których nigdy wcześniej nie zdawałem sobie sprawy. Mówi o synostwie i pokazuje, dokąd prowadzi nas Bóg. Często widzimy tylko korzyści wynikające z jakiejś prawdy, ale to nie jest najważniejsze. Możemy, na przykład, myśleć, że celem napełnienia Duchem jest wyganianie demonów, a nie uważamy tego za produkt uboczny tego, kim stajemy się w Bogu. Nasza tożsamość w Bogu jest o wiele większa niż zdolność czynienia dla Niego wielkich rzeczy.

Od rozdziału 1 do rozdziału 8 Paweł ukazuje nam ogólny obraz Bożego planu w historii, pokazując, jak działa On w historii. Kończy ten obraz kulminacyjnym stwierdzeniem w rozdziale 8: „Jeśli Bóg za nami, któż przeciwko nam?" i „Któż nas odłączy od miłości Chrystusowej? (...) ani wysokość, ani głębokość, ani żadne inne stworzenie nie zdoła nas odłączyć od miłości Bożej, która jest w Chrystusie Jezusie, Panu naszym" (Rz 18,31.35.39). To wspaniałe i mocne określenia.

Chcę zwrócić waszą uwagę na werset 22, gdzie czytamy: „Wiemy bowiem, że całe stworzenie wespół wzdycha i wespół boleje [doświadcza bólów porodowych – tłum włas. z oryg. – przyp. tłum.] aż dotąd". Jako mężczyzna niewiele wiem na temat bólów porodowych. Byłem jednak przy Denise, gdy rodziła Matthew, naszego najmłodszego syna. Przeszła przez cały poród, nie wydając żadnego dźwięku. Nie korzystała też z żadnych środków przeciwbólowych. Byłem z niej bardzo dumny, ale sam bardzo cierpiałem widząc ból, który musiała znosić. I chociaż nie wydała żadnego dźwięku, to prawie połamała mi kości dłoni – tak więc trochę wiem na temat bólów porodowych! Mówi się, że rodzenie pochłania całą uwagę. Gdy się rodzi, nie można myśleć o niczym innym. Paweł używa właśnie tej przenośni, by opisać Boże pragnienie, żeby coś zostało zrodzone. Całe stworzenie przechodzi bóle porodowe, próbując wydać coś na świat! Bóg ogromnie pragnie, żeby Jego stworzenie zostało uwolnione od skutków upadku i doznało wolności.

Bóg ma bardzo określony cel we wszystkim, co robi w naszym życiu. Czasem uważamy wiarę za dodatek do życia. Jesteśmy zajęci wypełnianiem wielu innych ról. Jestem architektem, bankowcem, policjantem, księgowym, liderem w pracy, członkiem drużyny, matką, ojcem, mentorem, sportowcem... aha, jestem też chrześcijaninem. Ale skoro jesteś chrześcijaninem, to Bóg dąży do tego, żeby wykonać w tobie swoją pracę i zmienić cię w kogoś, kim cię zaplanował. Działa w bardzo celowy sposób. To nie jest hobby. To dla Niego najważniejsze zadanie. Ma w tym swój cel.

W wersecie 19 znajdujemy piękne zdanie: „Bo stworzenie z tęsknotą oczekuje objawienia synów Bożych". W całej historii ludzkości Bóg skupia się na tym, żeby objawili się Jego synowie i córki! Wierzę, że gdy ludzie będą coraz bardziej zagłębiać się w objawienie Boga jako Ojca, doświadczać Jego miłości i chodzić z Nim w takiej relacji, jaką miał Jezus, to zobaczymy, jak Boży synowie i córki powstają z autorytetem, który przewyższa wszystko, czego doświadczaliśmy do tej pory.

Będzie to inny autorytet. Doświadczaliśmy autorytetu Słowa. Doświadczaliśmy autorytetu Ducha. Doświadczaliśmy autorytetu darów usługiwania. Doświadczaliśmy autorytetu urzędu. Ale istnieje większy autorytet. Autorytet Ojca! A przychodzi on jedynie przez synów! Gdy nadejdzie autorytet Ojca, będzie pełen miłości, prawdy, mocy, łaski, dobroci, łagodności, mądrości i wszystkich jego ojcowskich atrybutów. Będzie to autorytet, któremu świat w żaden sposób nie będzie mógł się oprzeć. Gdy nadejdzie ten autorytet, zobaczymy Bożych synów i córki powstających w każdym narodzie.

Autorytet synów i córek

Do tego zmierza chrześcijaństwo. To wielki cel całego stworzenia. Gdy objawią się synowie Boży podobni do Chrystusa, zobaczymy, jak w każdym narodzie powstaną mężczyźni i kobiety o niezwykłej zdolności przemawiania prosto z serca Ojca. Z autorytetem wynikającym nie tylko z wiary w Słowo, nie tylko z wypełnienia Duchem Świętym, ale z autorytetem osobowości Ojca wyrytym w ich sercach i objawionych w podobieństwie do Niego. Powiedziane jest, że „stworzenie z tęsknotą oczekuje objawienia synów Bożych". O to właśnie chodzi!

Bóg powołuje nas, byśmy byli synami i córkami adekwatnie do tego, kim On jest! Noszącymi na sobie odcisk, znak i autorytet naszego Ojca. Dwaj świadkowie z Księgi Objawienia 11 są dobrym przykładem efektu końcowego planów Ojca. Dręczyli przywódców świata swoim zwiastowaniem, ale nie mogli zostać zabici żadną ludzką bronią, dopóki Bóg na to nie zezwolił. Przywódcy świata doznają takiej ulgi po ich śmierci, że urządzają przyjęcie! Ale Bóg wzbudza ich z martwych i na oczach całego świata zabiera ich do nieba. Zachęcam was do przeczytania tego fragmentu, żebyście zrozumieli, jak może wyglądać prawdziwy autorytet synowski.

Gdy patrzymy na to, co mówi Paweł, że „stworzenie z tęsknotą oczekuje objawienia synów Bożych", widzimy opis tej sytuacji w 21 wersecie: „Samo stworzenie będzie wyzwolone z niewoli skażenia ku chwalebnej wolności dzieci Bożych". Chwalebna wolność dzieci Bożych! Kiedy zastanowimy nad tym, co to znaczy być synem i córką Ojca, widzimy, że On powołuje nas, byśmy byli wolni, jak On jest wolny.

Tego właśnie pragnie każdy dobry ojciec dla swojego dziecka –

żeby doświadczył takiego poziomu życia, jakiego on doświadczył. Mamy Ojca, którego nie da się porównać z żadnym ludzkim ojcem, jest On jednak Ojcem, od którego każde ojcostwo na ziemi bierze swoje imię. Innymi słowy, wszyscy czerpiemy swoją tożsamość jako rodzina i jako istoty ludzkie z faktu, że On jest naszym Ojcem. Należymy do rodziny, którą tworzy Trójca! On jest Ojcem, prawdziwym Ojcem, a teraz my jesteśmy Jego prawdziwymi synami i córkami. On włożył w nas swojego ducha i powołuje nas do swojej miłości, byśmy doświadczyli Jego ojcowskiej opieki, aż dorośniemy i staniemy się synami i córkami odpowiednio do tego, kim On jest.

Jakiś czas temu powstał ruch nazywany „objawionymi synami Bożymi", ale nie miał on objawienia Ojca. Nie można być synem, jeśli nie masz objawienia Ojca. W synostwie tak naprawdę nie chodzi o synostwo. W synostwie chodzi o Ojca, bo jesteś naprawdę synem i córką wtedy, gdy masz relację z ojcem lub matką. To właśnie oznacz synostwo. Tak więc gdy my wzrastamy w synostwie, On wprowadza nas w chwalebną wolność dzieci Bożych.

Jak wolny jest Bóg?

Wolność, do jakiej zostaliśmy powołani, przewyższa to, co możemy sobie wyobrazić. Gdy oddajesz swoje życie Panu, On przebacza ci grzechy i jesteś wolny. W Ewangelii Jana 8,36 czytamy: „Jeśli więc Syn was wyswobodzi, prawdziwie wolnymi będziecie". Często sądzimy, że odnosi się to do wolności od grzechu lub narodzenia na nowo, ale wolność wykracza poza te rzeczy. To dopiero początek!

W Liście do Galacjan znajduje się werset, którego nigdy nie rozumiałem, dopóki nie zacząłem dostrzegać kwestii wolności.

W Ga 5,1 jest napisane: „Chrystus wyzwolił nas, abyśmy w tej wolności żyli". Zawsze się nad tym zastanawiałem, ponieważ nie wiedziałem, co to naprawdę znaczy. Dlaczego Paweł mówi o wyzwoleniu i wolności? Dlaczego po prostu nie pisze: Bóg powołał nas do wolności? Paweł celowo dobierał słowa, ponieważ Chrystus wyzwolił nas do wolności. Kiedyś myślałem, że głównym celem wyzwolenia jest uwolnienie od więzów grzechu. Ale tak nie jest. Chrystus wyzwolił nad do wolności. Dlaczego? Ponieważ wolność jest naszym przeznaczeniem. On nas uwolnił, ponieważ wolność jest tak wspaniała, a nie dlatego, że związanie jest tak okropne. On chce, żebyśmy chodzili w Jego wolności, a ta wolność jest czymś niezwykłym.

Marzymy o wolności. Uważam, że nasze marzenia pochodzą z ogrodu Eden, z samego serca Boga. Są echem ogrodu Eden. Oczekiwania, jak powinno nas traktować życie, jeśli chodzi o uczciwość i sprawiedliwość, wywodzą się wprost z ogrodu Eden. Pomimo otaczającej na niesprawiedliwości w tym świecie, nadejdzie dzień doskonałej sprawiedliwości.

Zostaliśmy powołani do tego, by być wolnymi tak jak Jezus, jak Ojciec. Ale jak wolny jest Bóg? I tu zaczyna się zabawa.

Jedną z rzeczy, które podobają mi się w Jezusie, jest fakt, że był wolny od podatków. Mówiąc dokładniej, płacił podatki, ale był wolny od kapitalistycznych sposobów zdobywania pieniędzy na podatki. W Ewangelii Mateusza 17 Piotr zadaje Jezusowi pytanie. Sparafrazuję je: Panie, u drzwi stoi poborca podatkowy. Czy my płacimy podatki? Jezus odpowiada w zasadzie: Tak, ale nie ograniczają nas sposoby działania tego świata. Potem posłał Piotra na ryby i nakazał mu: gdy złowisz rybę, w jej pyszczku znajdziesz monetę, która wystarczy dla mnie i dla ciebie. Fascynuje mnie to, że Jezus nie włączył innych uczniów w ten cud. Tylko Piotr pytał Jezusa i tylko on był świadkiem wolności, w której funkcjonował Jezus. A więc Jezus był wolny od systemu podatkowego tego świata.

Przejawem wolności Jezusa od ograniczeń ludzkiego rozumu było jego funkcjonowanie w darach Ducha. Jezus nie tyle sprawował służbę uzdrowienia, co był wolny od choroby! Był wolny od wszystkiego, co pochodzi od nieprzyjaciela. Nie tylko uzdrawiał ludzi, ale dawał im wolność od choroby. Uwalniał ich z więzienia bólu i niemocy, ponieważ sam chodził w wolności.

Był także wolny od ograniczeń edukacji. Wiedział rzeczy, których nie uczymy się w klasie szkolnej. Był wolny, żeby korzystać z Bożej perspektywy wiedzy. Czytamy w Piśmie, że Jezus „się nam stał mądrością od Boga" (1Kor 1,30). Możemy wejść w mądrość naszego Ojca. Możemy skorzystać z mądrości, którą On posiada.

Jezus był wolny od ograniczeń ziemskiej wiedzy. Był wolny od informacji, które pochodzą od pięciu zmysłów, nabywanych przez wykształcenie i edukację. Był wolny od ogólnie przyjmowanej wiedzy, bo posiadał mądrość przewyższającą ziemskie zrozumienie. Chodził po wodzie, nie dlatego, że chciał chodzić po wodzie, ale dlatego, że był wolny od grawitacji. Piotr nie był aż tak wolny. Popatrzył na wodę i pomyślał: Ojej! Zaraz utonę! I rzeczywiście zaczął tonąć. Ale spojrzał na Jezusa, który uwolnił go z niewiary. Jezus był wolny, żeby tak myśleć. Widzimy to, gdy został wzięty do góry i poszedł do Ojca. Nie chcielibyście latać? Dlaczego śnisz o lataniu, jeśli jest ono niemożliwe?

Urodziliśmy się w więzieniu

Wyobraźmy sobie chłopca, który urodził się w więzieniu bez

okien. Dorasta w więzieniu wśród osadzonych, nie znając niczego innego poza życiem pod kluczem. Jego cała wizja życia to system więzienny. Niczego innego nie zna. Mija czas, a on zapoznaje się ze sposobami funkcjonowania więzienia i nawet uczy się wykorzystywać niektóre fakty na swoją korzyść, by uzyskać pewne rzeczy, których nie mają inni więźniowie. Uczy się manipulować systemem, ponieważ poznał zasady funkcjonowania więzienia. Wie, co mu ujdzie na sucho, a co nie. Ale cały czas znajduje się w więzieniu. Nigdy nie był nad morzem, nigdy nie widział gór, nie wie nic o farmach. Tak naprawdę nie zna niczego poza żelaznymi kratami, kamiennymi murami i regulaminem więziennym. Może mu się wydawać, że prowadzi dobre życie, ale my wiemy, że w ogóle nie zna prawdziwych cudów życia.

Chodzi o to, że każdy z nas urodził się w więzieniu. Sir Walter Raleigh wypowiedział zadziwiające zdanie: „Ten świat to nic innego jak wielkie więzienie". Nazywamy go „tym światem", rzeczywistością fizyczną i sądzimy, że to wszystko w życiu, cały zakres naszego doświadczenia. Niektórzy z nas nauczyli się świetnie radzić sobie w systemie tego świata. Myślimy: Jeśli ułatwisz sobie życie i zrobisz lepszy interes w ramach systemu tego świata, to punkt dla ciebie! Żyjemy w przeświadczeniu, że to najlepsze, co oferuje życie – ale tak nie jest.

Rzeczywistość, drogi czytelniku, to fakt, że jesteśmy synami i córkami Boga. Ale gdy Adam i Ewa zgrzeszyli, na rodzaj ludzki spadła zasłona, która zaciemniła rzeczywistość tego, kim jesteśmy. Jesteśmy synami i córkami Wszechmogącego Boga, a On powołuje nas do swojej wolności. Wzywa nas, byśmy przyjrzeli się, kim jest nasz Ojciec i zaczęli prowadzić życie odpowiednie do tego, kim On jest. Gdy zaczynamy żyć w oczekiwaniu, wierze i oglądaniu nadprzyrodzonego, spoglądając poza to, co uważamy za rzeczywiste, poza to, co przed oczami, poza zmysłami i zaczynamy marzyć o tym, kim moglibyśmy być w Nim, zaczynamy sięgać po nasze synostwo. Wspaniała prawda to fakt, że Bóg powołuje nas do czegoś o wiele większego, niż to, o czym wiemy. Świat będzie cię próbował zamknąć. Niektórzy ludzie w kościele będą cię próbowali zamknąć w ograniczeniach systemu. Ale my jesteśmy synami i córkami Wszechmocnego Boga.

Doświadczanie chwalebnej wolności

Pozwólcie, że zakończę trzema wspaniałymi historiami. Pokazują one, jak działa chwalebna wolność i dają nam wgląd w życie, jakie możemy prowadzić jako synowie i córki, adekwatnie do tego, kim jest Ojciec. Dwie historie to przeżycia moich przyjaciół, jedna opisuje moje doświadczenie.

Jedna z przyjaciółek Denise modliła się w swoim domu w pobliżu Toronto. Nagle uświadomiła sobie, że unosi się znad podłogi. Przeszła przez dach domu i uniosła się w stronę nocnego nieba. Mury nie były w stanie powstrzymać Jezusa. Ona uniosła się w stronę nieba i zaczęła kroczyć w powietrzu, przemieszczając się bardzo szybko w kierunku Oceanu Atlantyckiego, a potem nad Europą. Idąc, widziała ziemię pod sobą. Było to przeżycie tak realne jak wszystkie inne doświadczenia w jej życiu. Gdy dotarła do Rosji, zaczęła się zniżać, aż przeniknęła przez dach niewielkiego domku w lasach Syberii. Stanęła w kuchni obok starego mężczyzny, który pochylał się nad stołem, płacząc. Położyła ręce na jego ramionach i zaczęła się modlić. Po chwili radość Pana wypełniła jego serce.

Gdy zaczął płakać z radości, ona uniosła się znów przez dach i poleciała do Ameryki Południowej, gdzie modliła się za kogoś innego, a potem wróciła do swojego domu. Nigdy wcześniej nie doświadczyła czegoś takiego. Była zadziwiona. Pewnego dnia opowiedziała o tym prorokowi Bobowi Jonesowi, pytając: Co o tym myślisz? A on odpowiedział: No, cóż, moja droga, właśnie stałaś się prawdziwą chrześcijanką. Tylko tyle!

Inny przyjaciel z Minneapolis modlił się pewnego wieczoru w sypialni, gdy nagle poczuł na twarzy powiew wiatru. Otworzył oczy i zobaczył, że klęczy na nabrzeżu. Modlił się wczesnym rankiem, ale na nabrzeżu świeciło jasne słońce. Zaskoczony rozejrzał się dookoła, zastanawiając się, co się dzieje. Nagle nieco dalej dostrzegł dziewczynę, która panikowała i krzyczała. Podbiegł do niej. Okazało się, że jej koleżanka wpadła do wody i znalazła się w niebezpieczeństwie. Żadna z dziewcząt nie potrafiła pływać, ale tak się składało, że mój przyjaciel był dobrym pływakiem. Wskoczył do wody i wyciągnął dziewczynę. Przez chwilę uspokajał jej przyjaciółkę. Nagle z powrotem znalazł się w swoim pokoju w Minneapolis, ale ubranie miał całe mokre od słonej wody! Nie miał zielonego pojęcia, gdzie się znalazł. Kilka lat później na obozie chrześcijańskim podbiegły do niego dwie dziewczyny. Jedna z nich krzyczała: To ty! To ty mnie uratowałeś! Ty jesteś tym mężczyzną na nabrzeżu, gdy wpadłam do wody! Gdzie się podziałeś? Mój przyjaciel zapytał: A gdzie to było? Gdzie się to wydarzyło? Dziewczyny nie mogły uwierzyć: Przecież wiesz, gdzie byłeś. Byłeś tam! Odpowiedział, że nie ma pojęcia, co się wydarzyło i opowiedział im całą historię. – To było na Florydzie – powiedziały.

Ostatnia historia to moje osobiste doświadczenie. Kilka lat temu mieliśmy spotkanie rodzinne w domu mamy Denise. Zbliżał się wieczór i wszyscy zastanawiali się, co zjeść na kolację. W końcu postanowiliśmy, że będzie to pizza i ja miałem pojechać ją kupić. Wyszedłem na podjazd i otworzyłem samochód. Wsiadając do samochodu, uświadomiłem sobie, że zapomniałem portfela. Przypomniałem sobie, że leży w sypialni. Ale gdy wchodziłem do domu, cichy głos w moim wnętrzu powiedział: Nie przejmuj się tym. Nie przejmuj się tym? – pomyślałem. Nie mam przy sobie żadnych pieniędzy! Są w portfelu. To żaden problem wrócić do domu i go wziąć. Jest mi potrzebny. Ale znów usłyszałem ten cichy głos: Nie przejmuj się tym.

Zatrzasnąłem więc drzwi samochodu i pojechałem do centrum miasta oddalonego o około osiem kilometrów. Cały czas mój umysł zastanawiał się: Co ja robię? Przecież nie znam sprzedawcy w pizzerii. Na pewno nie sprzedadzą mi pizzy bez pieniędzy. Muszę wrócić po portfel. Ale moje ciało ciągle prowadziło samochód! Dojechałem do skrzyżowania, na którym miałem skręcić w prawo. Zatrzymałem się i spojrzałem na drogę. Nic nie nadjeżdżało. Spojrzałem w drugą stronę – pusto. I wtedy zauważyłem niesiony wiatrem banknot dziesięciodolarowy. Nigdy wcześniej i nigdy później nie widziałem pieniędzy niesionych wiatrem. Banknot leciał w moją stronę. Podmuch rzucił go na maskę samochodu. – Muszę go chwycić – pomyślałem. Otworzyłem drzwi. Banknot zleciał z maski i upadł na ziemię tuż obok mnie. Samochód, który prowadziłem miał niskie zawieszenie, mogłem więc podnieść pieniądze, nie stawiając nawet stopy na ziemi. Zatrzasnąłem drzwi i pojechałem po pizzę. Kosztowała 9,95! W portfelu, który został w domu, miałem dosyć pieniędzy, ale poczułem, jakby Ojciec mówił do mnie: Uważasz się za ojca rodziny, ale Ja chcę ci pokazać, że to Ja jestem twoim Ojcem. Był to dla mnie duży cud, mimo, że była to drobna rzecz. Sprawił, że zrozumiałem, iż nie jesteśmy z tego świata.

Jesteśmy synami i córkami Boga. Gdy nauczymy się chodzić w ciągłym doświadczaniu Jego miłości, znajdziemy wolność. Wszystkie rzeczy, które postrzegamy jako cudowne, nadprzyrodzone dary

Boże, są tak naprawdę po prostu wyrazem tego, kim powinniśmy być. Gdy objawią się synowie i córki Boże, królestwo zostanie ustanowione, a ten świat się zmieni. Wszystko, co pochodzi od szatana, zostanie wyrzucone. Ten dzień został zaplanowany jako dzień uczty weselnej Baranka, na której i my będziemy. Ojciec przyjdzie, uklęknie obok ciebie i otrze każdą łzę bólu. Czytamy w Biblii: „Umiłowani, teraz dziećmi Bożymi jesteśmy, ale jeszcze się nie objawiło, czym będziemy" (1J 3,2). Gdy znajdziemy się na uczcie weselnej, popatrzymy po sobie i powiemy: Nie spodziewaliśmy się nawet połowy z tego!

Żyjemy w czasach, gdy oblubienica przygotowuje się na wesele Baranka. W dniu wesela staniemy się oblubienicą. Przy tradycyjnych żydowskich zaślubinach pan młody nie widzi swojej oblubienicy przed dniem ślubu, zanim się nie przygotuje. Pewnego dnia zobaczymy Jezusa twarzą w twarz, dzisiaj się do tego przygotowujemy.

Abraham (Ojciec) wysłał swojego służącego (Duch Święty) z dziesięcioma wielbłądami wyładowanymi podarunkami dla Rebeki, aby przywykła do miłości i życia w środowisku rodzinnym, jakie przez całe życie znał Izaak (Jezus). Bóg Ojciec obdarowuje nas wszystkim, co posiada i kim jest, abyśmy odpowiednio przygotowali się do zaślubin z Jego synem.

„Jesteśmy synami Bożymi"

Po raz pierwszy w życiu czuję, że naprawdę zacząłem rozumieć, o czym rzeczywiście jest ewangelia. Opowiada ona o Ojcu, który utracił swoje dzieci i chce je odzyskać. Ponieważ większa część ludzkości ma trudności z pokochaniem autorytetów (upadek sprawił, że większość ludzi władzy została przez tę władzę zdeprawowana), Ojciec nie przyszedł sam, ale posłał swojego Syna, żeby w doskonały sposób Go zaprezentował i pociągnął nas do Ojca.

Jakże niesamowitą osobą jest Bóg! A my jesteśmy Jego synami i córkami! Czekam z niecierpliwością na dzień, gdy ujrzymy, że synowie i córki w pełni wolności powstaną we wszystkich narodach świata, ukazując i przedstawiając osobę, naturę i dzieła naszego Ojca, chodząc jak Jezus w tym zgubionym świecie.

ŹRÓDŁA

Derek Prince, *Newsletter February 1998*.

C. S. Lewis, *A Grief Observed*, Faber and Faber, London, 1961.

Andrew Murray, *Abiding in Christ*, Bethany House Publishers, Minneapolis, Minnesota, 2003. Pierwsze wydanie *Abide in Christ*, Henry Altemus, 1895.

Św. Augustyn w: Fr. Raniero Cantalamessa *Life in the Lordship of Christ*, Sheed and Ward, Kansas City, 1990.

O AUTORZE

James Jordan spędził młodość, pracując jako zawodowy myśliwy w głuszy Nowej Zelandii, dopóki wspaniałe spotkanie z miłością Bożą nie zmieniło jego życia i nie postawiło go na ścieżce służby proroczej.

Posiada ponad trzydziestoletnie doświadczenie w służbie. Przez ostatnie piętnaście lat podróżował po świecie, wykładając w kolegiach i przemawiając na konferencjach w Australii, Nowej Zelandii, Wielkiej Brytanii, Skandynawii, Rosji, Stanach Zjednoczonych, Ameryce Południowej, Malezji, Indonezji, Korei i Republice Afryki Południowej. Najlepiej czuje się na odludziach Nowej Zelandii, wspinając się po górach i polując. W wolnym czasie uwielbia paralotniarstwo i unoszenie się w powietrzu.

James i Denise Jordan są założycielami organizacji Fatherheart Ministries International, która oferuje szkolenia, konferencje i seminaria w wielu krajach świata.

Więcej informacji na temat Jamesa i Denise Jordan oraz Fatherheart Ministries International znajdziesz na

www.fatherheart.net

FATHERHEART MEDIA

Additional copies of this book and other resources from Fatherheart Media are available at:

www.fatherheart.net/store - New Zealand
www.amazon.com - Paperback & Kindle versions

FATHERHEART MEDIA

PO BOX 1039
Taupo, New Zealand 3330

Visit us at www.fatherheart.net

www.ingramcontent.com/pod-product-compliance
Lightning Source LLC
Chambersburg PA
CBHW070735020526
44118CB00035B/1362